◎ 1981 年受到时任党中央副主席李德生、沈阳军区政委廖汉生接见

◎ 与火箭炮营主官在将军石山下

◎ 任团政委时的办公室

◎ 八一阅兵场上

◎ 任团政委时，重用当兵时所用的侦察兵方向盘

◎ 在连队蹲点时与战士同餐

◎ 时任军分区政委在办公室

◎ 参加沈阳军区党代会

◎ 时任政委

◎ 于大兴安岭的木场一端

◎ 任师党委秘书时与巍儿在师部大门前

◎ *1994* 年春节与家人过团圆年，时任师政治部主任

◎第三次搬家于白城站前广场夫妻照

◎ *1994* 年五一节，长白山天池，时任六十七师政治部主任

◎ 与家人（妻儿）、司机小吴于长白山天池合影

岁月无声

一位戍边大校的人生回忆

张德才——著

人民日报出版社

图书在版编目（CIP）数据

岁月无声 / 张德才著 . —北京 ：人民日报出版社，2017.11
ISBN 978-7-5115-3504-7

Ⅰ . ①岁… Ⅱ . ①张… Ⅲ . ①张德才—自传 Ⅳ . ① K825.2

中国版本图书馆 CIP 数据核字（2017）第 261439 号

书　　名：岁月无声
作　　者：张德才

出 版 人：董　伟
责任编辑：郭晓飞
封面设计：吕彦秋

出版发行：人民日报出版社
社　　址：北京金台西路 2 号
邮政编码：100733
发行热线：（010）65369509　65369527　65369846　65363528
邮购热线：（010）65369530　65363527
编辑热线：（010）65363486
网　　址：www.peopledailypress.com
经　　销：新华书店
印　　刷：北京瑞禾彩色印刷有限公司

开　　本：710mm × 1000mm　1/16
字　　数：210 千字
印　　张：13
印　　次：2018 年 1 月第 1 版　2018 年 1 月第 1 次印刷

书　　号：ISBN 978-7-5115-3504-7
定　　价：49.80 元

目录

contents

第三部分　做好思想工作就是做人

第四部分　笑看风云

后　　记　财富人生

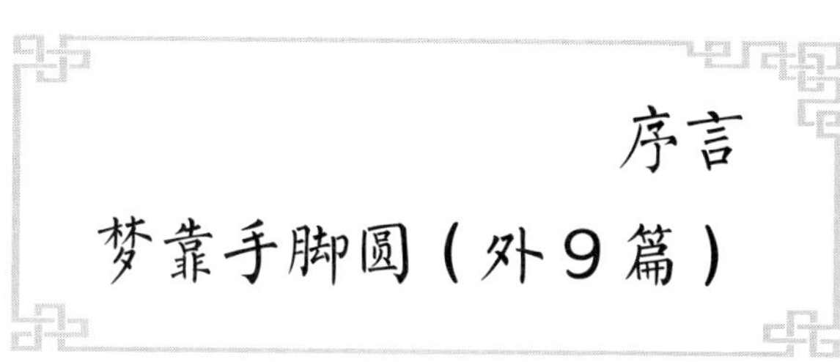

序言
梦靠手脚圆（外9篇）

刘兆林（中国作家协会主席团委员）

梦由心生，不断重复的大梦，便叫理想。

而圆梦，即争取理想实现的过程，必得靠自己的手脚辛苦劳作。这靠手脚的劳作，不是靠见不得人的暗中出小手拉拢行贿，或阴沟边麻桌下伸黑脚使绊子坑人利己，而是靠自己的梦想支撑修炼出的高贵品德和过硬才能，即通过自己勤劳朴素、光明正大的大手大脚，点点滴滴扎扎实实付出真诚的劳动，使梦想得以实现。

我的好战友张德才，又一部新作《岁月无声》完稿，而且是文学性很强的人生自传，所描写经历与环境我多有了解与耳闻，因而欣然命笔，为战友的第11部书作序。

我已少梦，且忘性越来越强，而战友的心血自传，使我忽如梦中喝了灵丹妙药，记性陡然战胜忘性，许多青春往事在眼前翻飞起来，而最清晰的，是德才40年前讲的一个关于飞机的小故事。当年，我们驻扎在兴安岭索伦镇营房里，身穿战士服的德才说："我老是梦见自己攀在一架模模糊糊的飞机翅膀上追二舅开的飞机，却总是追不上，有时都从梦中喊醒了，还是追不上！"其实他那时并没坐过飞机，也没在近处看过飞机，更没法见着开飞机时的二舅了，只是总听母亲说二舅是飞行员。所以，小时候一有飞机从头顶驶过，他就仰脸追着跑上一气，并高喊："我看见二舅了，我二舅是开飞机的！"所以从童年开始，他的梦想就是能在高境界处振翅飞翔。中学毕业后，他被公社选任宣传助理，仅半年就入伍了，当的却是陆军守备部队夜间站岗、白天打山洞的炮兵战士，而且从入伍到退休，都是穿着陆军部队的军装，从士兵到干事、连指导员、营教导员、团政委，直到成为师级政委，他才有资格乘飞机。退休前他一直在大小兴安岭的草原和林莽转悠了近40年。

听德才讲他追飞机的故事时，我是个酷爱写作的新闻干事，他在我当组长的报道组当报道员。其实，一个炮兵团能有多少能上报纸的新闻？我本人酷爱文学写作，所以我们团的报道组便什么稿子都可以写，诗歌、散文、随笔、小说，只要能瓜葛上我们团的人和事，哪怕驻扎地的名字和环境都行，当然得是对部队建设有利，能为部队争光。所以我看中了文笔好，什么稿子都能写点，既吃苦耐劳又有理想，且脚踏实地，还能团结人的高中生新兵张德才，建议领导把他调入宣传股报道组。后来那个报道组还出了一个解放军报社优秀记者呢！德才那时就表现出既能写又善于干好其他工作的能力，所以不久就被提拔到师政治部组织科当干事了，32岁就成为我们曾经所在炮兵团的政委。他任职期间，炮兵团成为原沈阳军区树立的先进典型单位，荣立集体二等功。团队许多重要的工作经验总结都是他亲自动笔写成，同时他还勤于写些随笔类的个人道德修养文章。离开炮团后，我们还常常主动见面，交流理想与现实、工作与做人方面的体会。记得我的没有酒饭没有仪式，只有几把瓜子几块糖的“结婚座谈会”，他和另一位宣传科爱写作的丁事合伙凑钱买了一块椭圆心形喜鹊登枝镜子，不远百里送去贺喜，使我那没新衣新袜新枕头，什么新物都没有的“新婚座谈会”有了一块纯洁如月光温暖如阳光的镜子。如今，许多旧物件都找不见了，那块椭圆如心样的镜子，仍挂于我乡间用来劳动写作的“听雨庐”。这种因“圆梦”结下的非常情谊，虽经几多工作岗位变动而难以磨灭。记得有年他到省城送稿，我见他穿着军装，鞋却是黑面白底非部队着装那种，就以老大哥的口气问了一句“你这是部队发的鞋吗”，他立刻脸红了。送他去火车站，我要为他拎包，他说：“让你拎包，那成啥事了？！”我说：“我不帮你拎点东西，那叫什么送站啊！”这种芝麻小事，他也写进《岁月无声》里，还有被我忘得毫无踪影的小事，如见他在饭堂没系风纪扣而当众提醒他，也成了他圆梦的细节，而他立功受奖的一些大事却没有写。这说明，他的为理想圆梦，都是严格要求自己，闻过则喜、见贤思齐方面的内容。再后来，炮兵团所

◎ 陪心中偶像作家刘兆林（当年的报道组长）在兴安岭上

在的守备师整个在百万大裁军时取消了编制。我既在这个部队当过战士、干事，还当过教导员和师政治部代主任，不禁深为那个部队的优秀人才叹息，尤其为一同笔耕不辍且大有潜力的德才战友惋惜。值得庆幸的是，德才确如自己名字昭示的那样，成为德才兼备的人，并被作为优秀干部保留下来，提拔到野战部队任职，直到后来成为军分区最高领导——政委而退休。德才并没有上过战场真刀真枪同敌人拼杀，但与当下一批批大小赃官经不住改革开放的市场经济大战而纷纷落马，不齿于人的惨痛现实相比，也令人感叹不已，倍觉德才的圆梦之旅的难能可贵。我们都是底层普通人家的孩子，尽管“文化大革命”狂潮曾把我们激荡得热血沸腾，有时也会滋生一丝野心，但很快狠斗私字一闪念便化为了雄心，因为我们的理想，是为了把中国建成一个没有剥削、没有压迫、官兵平等、官民一致、吃饱穿暖、没有人上人也没有人下人的社会而奋斗，其他几乎不曾奢望过。当下，百年“中国梦”所激起的全民奋斗热潮，相信德才的《岁月无声》，会对每位认真阅读的朋友有所帮助。

2016 年 5 月 1 日劳动节草于沈阳

刘兆林简介：当代作家，现任中国作家协会主席团委员、中国散文学会副会长、辽宁省作家协会名誉主席（原主席兼党委书记）、省政协原常委兼文化和文史委员会副主任（现顾问）。发表各类文学作品四百多万字，主要有长篇小说《不悔录》《雪国铁梅》《绿色青春期》；中、短篇小说集《啊，索伦河谷的枪声》《雪国热闹镇》《船的陆地》《三角形太阳》《违约公布的日记》；散文集《高窗听雪》《和鱼去散步》《父亲祭》《在西藏想你》《脚下的远方》；长篇传记《儒林怪杰——吴敬梓传》等多部。作品曾获全国优秀中短篇小说奖、全国优秀短篇小说奖、全国冰心散文奖、中国人民解放军八一文艺奖、中华文学基金会“庄重文文学奖”、东北文学奖、曹雪芹长篇小说奖，国务院有特殊贡献专家奖励等。

杨延昌（1969年入伍，转业后为吉林省监狱管理局正处级干部）

军营，虽然单调清苦，生活却是紧张有序的。军人，虽然来自四面八方，感情却是纯洁深厚的。我与张德才同是喝着洮儿河水，沐浴着索伦河谷清风成长起来的，有着兄弟般的情谊。他的新书出版之际，我忍不住写上了几句，将我所了解的张德才告诉大家，以抒我们四十多年战友加兄弟的情怀。

生活上，他是一个勤劳节俭的人。1971年年底，团报道组组长刘兆林把刚当兵不到一年的张德才从榴炮三连选调到政治处报道组，当时我在电影组任组长，我们都隶属于宣传股。机关当时住的是平房，没有暖气，办公室与宿舍合一，用水要到50米外去担，没有自来水。生炉子、担水、打扫公共卫生等，他全部承担起来，工作量很大，他一直坚持去做。他无不良嗜好，生活节俭，入伍第一年每月津贴费只有6元，年底他寄回家60元，全年只用了16元（他从前带了4元）。部队发的袜子他穿坏了补了又补，始终保持着艰苦奋斗的作风。

工作上，他是一个勤奋好强的人。张德才虚心好学，为在报道工作上尽快上路，对军内外报刊上好的文章细心研究，每年都有一本报刊剪辑。当时没有打字复印设备，用复写纸复写稿件或刻钢板复印稿件，他当天能完成的绝不拖延到第二天，写完的稿件经常徒步跑三四里路送上火车的邮政车厢。为了写出高质量的稿子，他每年大多时间都深入连队，生活在战士之中，用心体验生活，细心采访调查。他的衣兜里总离不开本和笔，每年写出近百篇稿件。提干后，他任指导员，在全师政工会上交流经验；任团政委，带出了原沈阳军区的标兵团和先进团党委，荣立集体二等功。记得一次师组织党的十三大文件学习集训，在5个团级单位中进行10项评比竞赛，他带队的炮团获得所有项目的第一名，我带队的师直属队所获得的都是第二名，作为他的老哥我服气地说了一句："你是有第一不要第二，我总是排在第二，甘拜下风。"

情感上，他是一个有爱心重情义的人。在父母面前，他是个大孝子，父母一直在他身边，尽孝报恩细致入微，打破了“忠孝难两全”的说法。在兄弟姐妹中，他是个长兄，给弟弟妹妹进城落户、安排工作，逐一成家，尽到了长兄的责任。在小家庭生活里，他对妻子关爱有加，妻子两次重病住院他都亲自陪护，将妻子从死亡线上拉了回来；对儿子严中有爱，没有惯出干部子女、独生子女易有的毛病，使儿子成为北京大学的研究生。在战友情感上，他口碑出众，人走茶不凉，久别情不断。他退休后，早已转业复员回家乡多年的干部战士还一直惦记着他，年年分别寄家乡的大米、茶叶、腊肠等特产给他。

我与张德才，四年多的同吃同住同工作，四十多年的相识相知相交，与众多了解他的战友有个共同的结论：张德才名副其实。

—— —— —— —— —— —— ——

张兴平（大兴安岭军分区漠河武装部政委）

张德才政委是我的老首长。1985 年我入伍时他是索伦炮团的政委，我是电影组的放映员，正是在这位老首长的关怀下，我上了军校，成为一名军官。作为他的部下，我和大家一样，觉得他人如其名，德才兼备，名副其实。

在“德”上，他的军旅生涯虽一直战斗在边防高寒艰苦地区，但始终秉承“德行天下”的理念，在工作中，坚持以忠诚、尽职、创新、责任为操守；在家庭里，称得上孝子、慈父、好丈夫。他身上散发着“仁、义、礼、智、信”的光芒。

在“才”上，他一直不断地学习和提高自己，以其才华能力和人格品行赢得职业尊严，树立领导风范。他领导的团队，被原沈阳军区树为“先进团党委”和“基层建设标兵团”，荣立集体二等功。后来，虽然团队在裁军百万中随守备部队的撤销而不存在了，但这支过硬团队的团魂犹存，张政委及当年他的部下们曾多次多人专程去老团队驻地看望，回望当年的辉煌！

陈振（在部队两次荣挂学雷锋铜质奖章，多次立功受奖。现任辽宁省盘锦市信访监督室副主任）

28年前，我入伍进了时任团政委张德才所在的索伦炮团，在那里我度过了难忘的军旅生活。张政委做人做事与他的名字一样：有德有才，德才兼备。以他为“班长”带出了过硬的先进团党委和荣记集体二等功的标兵团，也培养出一批又一批献身边防、无私奉献的先进典型。我从一名士兵、优秀班长到一名军官、学雷锋典型，每一步都与张政委的培养指导有关。他曾对我说过“要像雷锋那样当个好兵，做个好人”的话，成为我终生座右铭。我的成长轨迹和经验还被他编著进《索伦河谷的风采》一书。

张德才政委的人格魅力一直激励我进取向上。那是1985年裁军百万前夕，上级给团里一名保送上军校的名额。在几个候选人中，有资历比我老的志愿兵，还有团里老首长的亲属和上级首长打招呼的，张政委顶住来自多方压力，将名额落到我头上。在我入军校临走的那天，他驱车30多里山路到火车站为我送行。16年军旅生活，我换了五次兵种，数次驻地，坚持学雷锋始终没变，取得了一个又一个荣誉。脱下军装后，我在家乡盘锦创立“雷锋家庭联盟”，带动每个家庭学雷锋，做文明家庭。我个人还兼任全市七所学校的校外辅导员。先后荣获“辽宁好人、百名优秀红十字志愿者、最美家庭、最美讲师、盘锦市首届道德模范、首届十大孝子、学雷锋学郭明义标兵”等称号，2015年荣登助人为乐类中国好人榜，2016年3月5日喜上“好人365”封面。

朱贵才（1963 年入伍，技术 5 级，全国优秀教育工作者，享受国务院政府特殊津贴，公众口碑“活雷锋”）

德才同志，我俩都是守备三师炮兵团的人，又同在白城守备区政治部工作。熟悉他的人都知道他人如其名、名即其梦、梦随其行。他在团里搞宣传报道时，深入连队、肯动脑筋、善于琢磨，写出了一篇篇激发斗志、令人鼓舞的好文章见诸报刊。他在师、军政治部机关时，求真务实、观念新颖，为领导决策建真言、供实情、献点子，大家没有不佩服他的。他任团政委时，以严格约束自我的行事风格凝聚领导班子，调动干部战士积极性，把整个团队建设成新时期的先进团、标兵团，荣立集体二等功。他走上师职岗位后，熟知所属边防前线的实情，关心基层的疾苦，解难题、树典型，受到官兵的拥戴。他退下来后，勤奋与热情不减当年，仍笔耕不辍。我心目中的张德才，说“德”，他稳健、纯朴、宽宏、勤勉；说“才”，他好学、善讲、能写、敏行。老部队的人，每次提到他，都竖大拇指。

苗雨泽（原 23 集团军 67 师政委，中国作家协会会员，牡丹江市诗词协会名誉主席，著有《摇曳的绿》等多本诗集）

老战友张德才的新书出版，我听说后非常高兴，掌声在手上，愉悦在心里，为他点赞！春上枝头，他给我们送来了好消息，“人面桃花相映红”。

他从京城给我来电话，遥远的距离说最近的事，音容笑貌翻动我的心情，往日的相握相依历历在目。

我们曾经在一个师班子工作过，相互甚是了解。他给我深刻而难忘的印象是“有德有才，有精神信念，为人做事像他的名字一样闪闪亮，名副其实”。在有钢有铁的军旅生涯中，他自信地学习、工作、生活，口碑很好。

回忆，是一种反顾回眸，自己怀念自己的过去。往事并不如烟，把岁月的踏痕放在今天的路上同行，时光永远伟大！

姜林（牡丹江市安全培训中心主任）

德才同志是我当年所在部队的老首长，直接领导我多年。他的人格魅力、工作能力、榜样力量、敬业精神以及才华等方方面面，令人钦佩，使我刻骨铭心。在他身上，我学到了许多书本中学不到的知识，收获了正能量。部队很多老战友都称赞他人如其名、文如其人。他博览群书，善于思考，笔耕不辍，厚积薄发，不少精品之作在军区获奖，诸多研究成果进入部队决策，多部很有影响力的专著出版发行。无论是对新时期部队建设特点规律的思索探讨，还是对部队建设风采、官兵精神风貌的提炼总结，以及对人生的洞察感悟，字里行间都洋溢着他对军旅生涯的挚爱与荣光，彰显出他献身国防事业的赤子之心与责任担当，流露出他追求真善美的宝贵品格与高尚情操，折射出他深刻而独到、敏锐而鲜活的心灵感受、思维想象和艺术感觉。我能为人生中有这样一位首长、师长、兄长、挚友而感到由衷的骄傲和自豪！

李能（大兴安岭军分区加格达奇区武装部政委，黑龙江省作家协会会员）

得知首长又一大作问世，脑海里突然跳出“执着”这两个字。十多年前，首长刚成为我的“首长”的时候，他的两本厚厚的《沉淀》

让我感到沉甸甸的，大睿大智、至理至情、语言精辟，煞是夺人眼目，阅后我发自内心地点赞。他退休短短几年，四本分东、西、南、北的《阅旅》，一本《人生二十一谈》又相继问世，堪称巨著，如何了得！没想到的是，时隔不久，他的新作又煞笔待版，这更让我佩服得五体投地。2002年初识首长，他给人的印象是和蔼可亲、气度轩宇，为人谦恭、处世坦荡，文韬武略、孝忠仁义，居官而不自高，善言而不夸谈，可谓人如其名，其德其才令人仰望。首长不仅工作尽职尽责，平时还善于经营文字，字里行间妙语连珠、哲思深邃，体现出深厚的文化素质和内涵，多年的文学功底铸就了首长的独特视角，相信这本新作定然又是一部喜人力作。

刘锐（原大兴安岭军分区副参谋长）

偎依

——敬德才兄学识为人，诗怀以念

靠近你沐雨听风，无限感动。
你站成苍穹，心伴春色而澎涌。
你站成凝重，聆听岁月豪情。
仰望你冲天的气势，聚力的哲贤，温暖的抱拥。
依你身躯，听你沉吟，触你血流，感你风动。
俊立肃然，我泪流襟胸，遐思悠远……

巨文新（原总后勤部后勤科学研究所副研究员，文职3级，技术5级）

张德才，人如其名，有德有才。我和他同为北京市海淀区翠微路军休所军休干部，相识六年多，他给我留下了深刻印象。

他是一个勤奋好学的人。从原沈阳军区退休安置进京，离开近四十年春秋的军营，他不去过安逸消遣的生活，而是放下枪杆没撂下笔杆著书立说。他笔耕不辍，先后出版了十本书，五百多万字。一个业余作家如此多产，恐是许多专业作家也不及。

他是一个善于思考的人。在他的著作中，有经验之谈的《风采》，有规律探索的《纵横》，有哲理箴言的《沉淀》，有景观文篇的《阅旅》，有感悟生活真谛的《人生二十一谈》……内容丰富，感悟之深刻，着实让人钦佩。

欣闻德才同志的大作即将出版，以表祝贺。同时，也相信他的一生经历之财富，能给更多的人带来人生的启迪，并能发挥更大的社会效益。期盼他有更多的新作问世。

第一部分
人生的初步轨迹

我是个“当了一辈子兵”的人，经历了部队的多次变革。改变隶属关系五个军单位；守备、野战、预备役、边防部队，先后干遍了陆军部队的所有种类；内蒙古、吉林、黑龙江三省九次搬家；团、师、军三级机关，连、营、团、师四级主官任职。在和平年代里，算得上戎马一生，留下了不可磨灭的军旅烙印。军队是个熔炉，锻造了我钢铁一般的意志，发条一样的生活规律。如果说人生是一个旅程，那么我的旅程是丰富多彩、波澜壮阔、感慨万千、无怨无悔的。

◎ 好好学习

1952 年农历 7 月 28 日，我出生于辽宁省彰武县福兴地公社靠山屯村一个地地道道的农民家庭。

父亲在家中排行老二，当时在人民公社下属的生产大队当大队长，下管七个生产小队。当时大队干部挣工分，用七个小队的平均工分的分值去算账。即便如此，我家的生活还是捉襟见肘。

大伯性格不精不傻，老实憨厚，却一生未能成家。姑姑、叔叔一大家子人，生活上也主要靠父亲。老叔也挣工分，有时候外出当民工，修铁路。

姥姥家也是“大户”人家，这个“大户”不是指有钱，而是人口多。我有四个姨、五个舅舅。我最小的姨，只比我大 3 岁，比我姐姐小 1 岁。因为当时舅舅、姨都出去了，家里就她在我姥姥姥爷身边。小姨做了好大的牺牲，那时候在农村三十一二岁还不找对象的人太少太少了，可她 33 岁才结婚。

我们一家八口，住两间房。八口人都睡一个大通铺炕，没有一床褥子，只得贴身睡在用高粱秆皮编制的炕席上。一年的零用钱只靠小鸡下蛋、卖一口肥猪来换。

童年时，我对贫苦的感受并没有那么深，却对吃的记忆特别深，这大概就是贫穷的滋味吧。最难忘的就是去供销社卖猪。父亲带我去时给我买几块绿豆糕，用井拔凉水一泡，那才叫个甜香。父亲舍不得多买，只给我一个人吃。凉水泡绿豆糕是我小时候印象里最好吃的东西。我每年都盼着那一天，像过年一样。

还有老叔第一次回家时带回来的糖球，圆圆的硬硬的，还有五颜六色的花纹，不用糖纸包；还有白梨，吃着都特别甜。

5 岁之前，我在姥姥家长大。姥姥家对我的吸引力特别大，因为一家人都很有文艺细胞，给艰苦的日子增加了许多乐趣。姥爷会拉四弦琴、二胡，会唱驴皮影，几个舅舅也会拉二胡、四弦琴，一大家子人可以演一台戏。我也跟着学，像板胡、二胡、四弦琴这些都是在姥爷家学的。

姥姥家和我家那么多人，文化程度最高的是我四姨，她是师范毕业生。我二舅当兵。对我影响最深的就是他俩，我内心有一种自然的崇拜感。四姨文化高，识字多，懂的事也多，会讲很多历史故事。二舅穿军装特别威武，站有站相，坐有坐相，会开车，会开飞机，地上跑的、天上飞的他都能开，他是我心目中的“英雄”。后来我参军，与对舅舅的崇拜有直接关系。

我的名字，是最有文化的四姨给起的，开始叫“得财”。那时候农村起名很有意思，我叫“得财”，我两个弟弟分别叫“得田”“得顺”，我叔叔家的孩子叫“得有”。有田有财有饭吃，反映了农民那种很朴实的愿望，也可以看出那时真的很穷，起名字基本都带“财”“有”“田”“顺”“贵”。家里的姑娘起名叫招弟、引弟、带弟的，则是盼着生儿子。生儿子固然与传统的“传宗接代”的重男轻女思想有关，也是当时信奉“人多力量大”观念的反映，因为男孩以后是家里的主要劳动力。

我 7~9 岁时，小学三年级以前，赶上了三年自然灾害（1960—1962），等于出生在新社会，过上了比旧社会还贫穷的生活。吃不饱，挨饿，只能吃柳树狗子、榆树皮、苞米茬子、高粱秆等。柳树狗子就是柳树长的一长串像籽似的东西，特别苦，煮熟之后也是苦的。榆树钱是甜的。所有的东西，能吃不能吃都吃，有一种野菜，叫灰菜，吃多了就浮肿，农村是喂猪的东西。最后野菜根本就吃不到了，挖光了。苞米割了之后那茬子，本来是当柴火烧的，当时也是主食，这东西吃了排便当然受到影响，我连续七天都没排出来，只能用喝肥皂水的土法才排出来。

我记得父亲卷一管叶子烟要用一条裤子或者一件上衣去换。一管烟他分三次抽，不舍得一次抽完，抽几口，就掐灭了；什么时候想抽再抽。那时候农村有饿死人的，黑龙江有很多辽宁的人像闯关东似的跑过去。东北最好的是黑龙江，土地多而肥。吉林比辽宁强点，但也是吃不饱饭。

自然灾害以后办大食堂，生产队都去吃大食堂，我母亲在食堂里当炊事员。当时有苞米面饼子，母亲偷偷摸摸放围裙里头，拿回家，一个饼子给我们六个孩子分，就像过年一样欢喜。大米白面根本就没有。家里八口人，爹妈带着六个孩子没有饿死，算是幸运的了。

虽然我童年时候赶上三年自然灾害，但由于经常锻炼，还是长了个儿。我 18 岁当兵时一米七五，后来长到一米七五，现在我退休到 65 岁了，还是一米七六,一点没降，医生说是因为我当军人和后期打太极拳，骨骼没有弱化退缩。

在长辈当中，姥爷，父亲、母亲，上学后的李校长，这四个人对我影响太深了。姥爷教我很多东西，躺着睡觉的时候也教我，讲历史故事韩信走马分油，五斤油三个人分，一斤的提篓三斤的瓶子，把油平分，三个人当时正吵架呢，没法分的时候，韩信骑着马过来了，连马都没下，告诉他们怎么怎么弄，从提篓里提倒在那个桶里……这个确实是历史故事，韩信比较聪明，他能忍胯下之辱，他也非常智慧。我姥爷就是在不知不觉中把数学的理念融进故事里了。他还讲十二生肖、二十四节气，我从这些很有规律性的常识里学到了很多。

老话说，种地不上粪，等于瞎胡混。姥爷每天早上起来，都背着粪筐到村子里走一圈，每天都带着我。老年人起的时间一般都挺早的，冬天也五六点钟刚刚蒙蒙亮就起来。我每天都跟在后面走，一直到后来我养成了一种勤劳的好习惯，并且早起早睡。

◎ 1977 年秋，外祖父：83 岁；外祖母：71 岁

穷人的孩子自然早当家，贫寒的家境让我从小就比较懂事，有着热爱生活、珍惜生活的好习惯，学会特别节俭地过日子。骨子里这种勤劳、淳朴一直伴随着我的人生。

我上面有个姐姐，大我 4 岁，19 岁就结婚了。姐姐只读了 4 年书，因为学习不好跟不上，一上学就脑袋疼，就不愿意上学了，早早地干起了农活，干了几年之后，就结婚了，这样我就相当于家里的老大，要多干一点儿。我当兵到部队以后，拆洗被褥，都是自己弄，那些老兵都很奇怪，问："你怎么会呢？"因为我从小就帮母亲分担做很多家务活，纳鞋底子、做布鞋等，我都会干。即使上学，星期六的下午和星期天一天的时间，包括放暑假、寒假期间，冬季的活夏季的活、生产队农民那些活我都干，挣半拉子工分，社员是10分，给我5分。当时就争取为家里挣点工分，也不用人支使，眼里有活。农村有很多活可干，比如秋天要搂出够用一年的柴火，包括打木头疙瘩。背着筐，拿着镐，拿着斧子，把伐掉的木头底下的疙瘩挖出来。搂的柴火用大耙子拖着木条镰子，最多的时候一天能搂40镰子。一镰子像桌子这么大一堆，一堆一堆地排成排，够一车就拉回来。我家的柴火垛、木头疙瘩垛都是全村里最大的。那时候也就十一二岁，我一个人解决了八口之家一年的烧柴。在我的榜样带动下，弟弟妹妹也干活，大家都很为家里着想。

我从小就没让家长操过心，后来我要求自己的孩子也这样，生活自理不依靠家长。我的孩子上大学以后，我们没告诉他，搞了个突然检查，一看吃了一惊。宿舍住了八个人，上下铺，东西扔得到处都是，让本来拥挤的环境更乱。我看着很闹心，问："那女生宿舍肯定比你们好吧？"他说："唉，别提了，人家比我们还乱呢。女生东西多嘛，被子也不叠。我看不下去，说这也太乱了。他说你咋不告诉我一声，让我好收拾收拾。"我说："就想看看你的实际状态，因为环境特别能影响人，让人养成良好的习惯。"

农村都有一个家族体系，一个农村要是五六十户人家有那么十户八户亲属关系的就形成体系了，就比较厉害，在这个村里就是大家族。家族、屯亲构成的势力圈势力比较大，单户、后来户常常受气、受欺负，我们家就是因为父亲的工作变动后搬入的，父亲在大队工作又经常不在家。父亲概括村子里的“三郭二赵”，即姓郭的兄弟、姓赵的兄弟结婚之后分开，郭家三户、赵家两户，在村里形成势力，轮换着当队长。几个姓赵的，赶大车、当保管员、当会计，都是农村中的好差事。虽然农村的家族体系观念强，但是这“三郭二赵”的长辈们都非常喜欢我，叫我“才儿”，我从小也很愿意和老年人在一块儿。我常常在他们几家玩，有时甚至住下了，当然是不吃饭，因为父母从小告诉我不吃人家饭，不拿人家东西，这是规矩。郭家老两口特别喜欢我，叫我“来才”，我经常到他们家里玩。比父亲小一岁的赵叔叔是赶马车的“老板子”，还会做豆腐，每当路上遇上都停车拉上我。因我家与生产队的豆腐房只一墙之隔，他每次做豆腐都叫我去，豆浆点卤水前的豆腐皮那种高营养品他自已不吃给我吃。那时喝豆浆、吃豆腐脑，是高档享受了。

我们家那个村是四合屯，西瓜、香瓜非常出名。每年固定崔爷爷和曾爷爷两人负责瓜园，他们吃住在瓜地旁的瓜窝棚里，从种下瓜到瓜罢园，全程不离瓜地，俗称看瓜的“老园头”。瓜熟季节，成马车地往城里拉。为了多出点钱，两位爷爷夜里换班睡觉，像哨兵一样看守着。平时他们对来往买瓜、吃瓜的人，斤是斤、两是两的，认真得出了名。瓜地里哪个部位有几个熟的和快要熟的，他们也记得一清二楚。有的淘气孩子借地边树、草的遮挡爬在地下偷瓜，气得他们连饭都不吃了。但两位爷爷喜欢我，只要我一去瓜园，就特殊招待，主动送我瓜吃，让其他小朋友都很眼热。

我叫“得财”，但我不要平白得到的财富，于是，上学后，我把四姨给我起的名字“得财”改为“德才”。当时知道毛泽东有一句话叫“德才兼备”，是按照“德才兼备”的标准去培养人，提高人的素质，从此，我就把我的名字“德才”作为人生理想的奋斗目标，一定要有德有才。

我形成了习惯，按照“德”和“才”这两条去要求约束自己。我家的家教非常严格，小时候去外面玩都要向父母说一声，啥时回来都要按时，不管干什么都要听长辈的话。我从来没骂过人，也没打过架，还不淘气，就是爱学习，给人感觉是让老人省心，仁义，懂事，有礼貌，所以包括公社干部在内的好多人都特别喜欢我。等到我稍微大一点儿时，父亲便带着我到各生产队去跑。其间发生一件事，使我对于“德”字的重要性，有了很深的体会。我五六岁时，有一次跟父亲去福兴地村生产队。由于前一天晚上西瓜吃多了，结果半夜做着梦尿床了。当时，我睡在父亲和另一个大队干部中间。早上我趁天没亮，就偷偷把尿湿的部分移到那名干部那边去了。早晨那位干部看着我微笑地说：“我不小心把水洒在褥子上了。”这让我逃过了面子上丢人的一劫。父亲知道后，批评我说：“这样做好像很聪明，但不能这么聪明。你这是诡计的聪明，不是智慧的聪明。做人要实实在在，一是一，二是二，是自己的事就不能往别人身上推。好孩子做错事敢于承担还是好孩子，而做错了事嫁祸别人是又多了一个错事，留了面子丢了品格。”这是我人生当中的一堂课，我记住了，一定要端端正正地做人，让别人喜欢不仅仅是因为你年龄小，而是一定要从道德品质上做好，从小就要正派。

我上学后学习好，老师喜欢，学生都尊重，不管比我大的比我高的，都不欺负我，对我有一种好感。班级里我年龄最小。有一个叫郭玉江的同学当班长，我当学习委员，后来，因为我学习好，又一直让我当班长、少先队大队长、学生会主席、红代会主任。我一年级只上了两天就跳级到二年级，当时全年级就只有我一个人让跳了级。从小学一直到高中毕业，班里无论多少人，不论大班小班，我的各科成绩一直保持第一名。

关于“才”字，自己觉得虽然做得较好，但是也有遗憾。当时只在一年级学汉语拼音，二年级就不学了，而跳级之前的那两天我只学会拼音体，所以我直到现在也不会汉语拼音，只能用五笔打字，老伴和儿子都开玩笑说我是拼音文盲。

◎ 高中毕业照，时任红代会主任（四排左四）

姥姥家的文艺熏陶又使我从小就很乐观，愿意发奋向上。那时“好好学习，天天向上”的口号在学校处处可见，每个教室的黑板上方这八个大字都无比醒目。我那时就立下了奋斗的目标：一定要好好学习考上大学。白天，我在院里玉米地的阴凉下学习，家里人来人往不安静。农村没有电的时候点煤油灯，舍不得钱买蜡烛。我每天晚上学习的时间标准就是一墨水瓶的煤油燃尽。家人都睡觉了，油燃没了，我再睡觉。没人要求我，我自己坚持这样做。

东北农村取暖靠火炕，当时都没暖气。我睡炕梢，为了不影响家人，我用木板做了一米多高的隔扇，我自己学习完了睡。炕梢是最凉的地方，小子睡凉炕，全凭火力旺。要利用火炕温度生地瓜秧子，我就紧挨那个地瓜秧子睡。这样我养成了一个习惯，不管冬天夏天睡觉，脚不能盖，被子上不能压东西，压件衣服我就睡不着。

没有钱买方格作业本、算术本，我上学怎么办？父母咬咬牙，拿鸡蛋去供销社换钱买了作业本。当时一个鸡蛋好像能卖五分钱。五分钱，要是算术本能买两个，作文本买一个。作文本大一点儿厚一点儿。我一面写完以后，翻过来那面还要写，再用一遍。这面是正面算术本写上名字，用完了之后二年级三年级的，翻过来这面再写个名字。

小时候的课余生活就是学习，再有就是帮家里人干活。像别的小孩子那些打打闹闹的没有过。在外面玩，比如小孩子爬树这类活动，我不参加。我上不了树，也不掏鸟窝。母亲说房檐的里头蓄窝，那里面有长虫（蛇），吓唬我，从此我就再也不掏鸟窝。我还有点恐高，一爬高腿就软，梯子搭上墙，我也不太敢。和男孩子在一块玩什么东西呢？扇啪叽，一百单八将的啪叽牌是最高级的，我每次都赢。有些男孩想玩过我，为了风大一点，就弄个大肥袖子，连打带扇，但还是输给我；弹玻璃球，我也是赢家。我喜欢打冰尜，打滑出溜比远近，女孩子玩的跳绳、欻嘎拉哈、布口袋、跳房子等，我都玩得很好。

我的年表

1960：8 岁，刚上学，自然灾害中。

1966 年 7 月：14 岁，考中学。“文化大革命”，学校停课。

1968 年下半年：恢复上课，复课闹革命。

1970 年 7 月：“文革”后首批高中生，毕业后被公社革委会招为宣传助理。

1970 年 12 月 24 日：放弃国家干部每月 38.6 元工资待遇，怀着当兵上大学的梦想参军。

◎ 停课闹革命

我酷爱学习，心里想的就是上大学。当时挨着我们家同村的有个人叫皮万山，正上大学，虽然没见过面，但他是我的偶像。等到我小学六年级，刚毕业，要考初中的时候，“文化大革命”开始了，停课闹革命，我失去了升学的机会。我心想，完了，大学上不成了。

“文化大革命”期间，我父亲成了农村走资本主义路线的当权派，即“走资派”，被勒令劳动改造。“走资派”在农村指乡、队干部，父亲就是其中之一，大队长。那时的大队干部每人都配有枪支和交通工具马匹，虽然显得挺神气的，做的却都是为老百姓服务的事儿，没什么需要批斗的事情。以戴高帽游街形式批斗，我一次没参加。有一天我正在家大门口垛柴火，公社召开批斗大会要求各生产队除地主富农不准去，其余的都要参加，这样，两个地主，再加上我父亲一个“走资派”，还有一个民办老师“臭老九”，四个人不能去，但是民办老师偷偷去参加了，隔壁生产队干铡草的活儿就少了个人，父亲喊我过去帮他干，我就过去了。铡草机半机械化，草铡下来之后顺坡下来堆得满满当当，我第一次干这种活儿，就抬脚去扒拉，一下子脚被铡草机铡住，机器停止了运转。脚被铡刀咬住，转动的齿轮都停住了，母亲刚给我做的棉鞋底被铡断，只有鞋帮还连着一点点儿。五根脚趾里大脚趾、二脚趾断了半截，只剩一层皮连着，另外三根脚趾也断了一半。我被抬到队部屋里，为了止血，将一大瓶冻成冰碴儿的煤油倒在脚伤处，当时不知是为替父亲立功赎罪，还是出于幼稚的朴素感情，我竟反复阻拦不让“用公家的煤油”……父亲当天赶了20多里路把我送到火车站，联系货车赶到50里路远的县医院给我做手术，但为时已晚，手术切掉了我两根脚趾的前半截，只缝接上了另外三根脚趾。

就在我脚做手术的第二天，大队“文革领导小组”打来长途电话，要求父亲马上返回接受批判。那位任“组长”的人，中等个，小眼睛，红肿眼泡儿，连腮胡子，因为不是党员没资格当书记，一心扒火地瞄上父亲的大队长位置，所以特别往父亲身上使劲儿。父亲没有文化，感情朴实，为人忠厚，性格直爽，群众口碑非常好，那位“文革组长”在父亲身上找不到大问题，就在历史和社会关系上大做文章，编造说他土地改革时私通大地主李铭山，“中央军”打过来时被李铭山藏在地窖里，等等。在批斗父亲的会上，他安排几个打手逼着父亲承认其编造的情节，父亲坚决回答：“我是党员，实事求是为本，仨大钱两手攥着——一是一,二是二，不能撒谎！”让父亲低头，父亲又说：“共产党是不能低头的，除非你们把党员给我取消了。”那位急于夺权的“组长”按捺不住猖狂的内心，便亲自充当打手，拿起带着铅疙瘩的钢鞭抽向只穿一件薄衣的父亲，父亲被打昏过去，就用凉水激醒再打，直到那件衬衣变成了血衣。最后，父亲落得个“死不悔改的走资派”罪名。

父亲接受批斗离开医院后，母亲扔下我三个弟弟妹妹，还有家养的四头猪、几只鸡，到医院守护我。在我住院期间，母亲奔波于相距五十多里路的家与医院不知有多少次。我记得母亲三次夜里包饺子，通宵达旦地往医院赶，为了保温，她把装饺子的饭盒用毛巾、围巾一层一层地裹着，贴心地抱在自己的棉袄里，到医院后饺子还是热乎的，每次我都含着眼泪吃。十指连心之痛的手术我忍住了眼泪，看到母亲寒冷夜包的饺子经过五十多里路还冒着热气，我的眼泪忍不住了。后来每次想起这件事，我的眼泪都无法控制地涌出来。

没几天我就出院了。父亲十分内疚，因为我帮他干活而丢了两半截脚趾。在我回家养病期间，他怕我睡觉会不小心碰到伤脚，便头朝炕底躺着，几乎整夜不睡，用手护住我的脚。农村的大炕头高底低，反向头朝底是倒控的状态，时间长了很不舒服，父亲却一直坚持着。父亲时常看着我的伤脚唉声叹气，自责地说："都是为了我才丢的脚指头。"我安慰他："那是因为我自己笨，不会干活，别叹气，也别自责。"

在家待着养病，我也没放弃学习。脚恢复得差不多，不用躺着能坐起来，我便有时候拉二胡自娱自乐。好不容易等到复课，我第一个返回了学校，一点儿也没耽误。

学校开始没有住宿条件，没有学生宿舍，距家 25 里路。家里用卖猪的 60 元钱给我买了辆只有车架、轮子、车把、脚蹬的"多无"牌裸体自行车，两个车圈锈成了黑色。我很快就学会了骑车并能自如地往返于家与学校的农村马车轮轧过的车辙沟道上。为了保证按时到校，风天我按风力大小确定出发时间，经常提前两三个小时从家出发；放学后也按风向确定回家还是去亲戚家。学校南有叔叔、姑姑家，学校北有姥姥、舅舅和姨家，谁家都不烦我，喜欢我，我也不拿自己当外人，自在得很。只是与回自己家不同的是，学习没有时间标准了，写完作业不再加码了。为了多学点东西，让老师给我补习，我最终选择了从家自带行李住校。那时候，真正住校的就我自己和看学校大门所谓打更的工友，住一个小炕。我不会做饭，从家带吃的。冬天带蒸好的黏豆包，夏天带玉米面贴大饼子、窝窝头。没有肉和菜，只有咸菜疙瘩下饭。农村的咸菜晒干了，叫干巴咸菜。我正是长身体的时候，特别能吃，营养跟不上。好在自然灾害已经过去，没有粮荒，能吃饱。黏豆包属于年饭级别的，那是好东西，没多少，很快就吃没了，怎么办？我就带着玉米面到学校的大铁锅贴大饼子，也不会贴，掌握不好时间，第一顿就把大饼子整个烤糊了，没有一点能吃的，只好用玉米面熬糊糊，喝个水饱。

就这样，我如饥似渴地学习着。被我的求学热情感动的老师杨生坚持每天晚饭后到学校给我一个人讲课，甚至大学数学的微积分都给我讲。大学课程讲完了，让我有种提前圆了大学梦的感觉。那时候还是“文化大革命”时期，每天讲课都是秘密进行的。杨生老师是改变我一生命运的人，我特别感激他。

后来我参军提干之后，探亲的时候专程去看望杨生老师。赶到他住的一个镇上的平房院里，时值隆冬，刚下过大雪，一路走过去咯吱咯吱直响。屋里点的是蜡烛，还没有电灯，我一阵心酸，一下子就把杨生老师抱到怀里。我当学生的时候，哪敢抱他？其实当年杨生老师身材又瘦又小，我眼里的他却很高大。如今怀里的老师更加瘦小，我却觉得他比当年还要伟岸。

恢复上课以后，复课闹革命。学校以军队编组，校长当教导员，学生会主席当营长，我是学生会主席，与校长搭班子为营长、教导员，组织了一些活动。社会上除四害，学校集体活动也上交老鼠尾巴，主要是解决老鼠偷吃粮食问题，把粮食储存好。毛泽东时代，想解决什么问题，全民动员，决心大，行动快，一呼百应，立马见效。血吸虫病、黄、赌、毒都非常顽固，毛泽东下定决心，一两年之内全解决。国家一穷二白，成立不长时间，要把钱用到刀刃上，原子弹、氢弹先后研制成功，激励着百姓哪怕忍饥挨饿也要为国家强大干正事，毫无怨言。

1966年5月16日“516”通知，“文化大革命”开始，1976年粉碎“四人帮反党集团”，“文化大革命”结束。学校的学制有了改变，中学说是3年，实际上是把初中高中课程合并，共4年学完，我成了新学制的首届高中

◎ 高中时期的排委会五人（前排右一）

毕业生。

我等于小学刚毕业“文化大革命”就开始，到中学学校停课闹革命，搞串联，我们农村红卫兵出不去，我才16岁就在家破四旧、立四新。农村那时候破四旧太过激，太疯狂了。家里供的佛像、灶王爷像，八仙桌有古刻板的，还有插鸡毛掸子的瓷瓶、屏风、景泰蓝胆瓶等都在四旧之列。有些砸的都属于古董老玩意，太可惜了。女同志梳大辫子都给剪掉。人们出于对毛主席骨子里的崇拜，思想无比简单，积极参与“三忠于”“四无限”的活动，背诵毛主席语录、表忠心、跳忠字舞等。每天早中晚三顿饭，吃饭前全家人都要学习，部队都要饭前唱歌。

“文化大革命”最先受冲击的是被称为“臭老九”的老师。我对老师特有感情，身为红代会主任，我坚持不批斗老师，相反与老师们都保持着正常的来往，因为他们是我内心一直尊敬的老师，就算出身成分不好，我也尊敬有加。至于响应破四旧、立四新的号召，那时候没有任务，但要各家走，供灶王爷要拿掉，对一些坛坛罐罐，只是象征性地没收。

李声寰老师，我小学时他就是我小学的校长，特别喜欢我，是他决定让我跳级直接读了二年级。我上中学，他又调到中学当校长，我升到高中，他又调到高中当校长，一直是我的校长。“文化大革命”中，他家是地主成分，他母亲原是大资本家的管家婆，全家人都成了重点批判、监控对象，没人敢正面接触他及家人，谁都不敢上他家里去。我没有批斗他，还偷偷地去他家里看望他，看望他母亲。他母亲高高的，长得白白的、瘦瘦的，是个特别精神的老太太。因为李老师是地主成分，又是校长，

◎ 学年怀揣“宝书”

所以受到的冲击更重。批斗的时候，有人提出要给他戴白高帽，我开始没在，回来之后，我坚决予以制止，说咱们最了解咱们的老师，不能搞这套。后来 1971 年我当兵第一次回家，是到沈阳军区的《前进报》报社送稿子，因离家很近，我就背着一袋白面，提着一桶豆油，先到了李老师家里。那时候，一袋白面、一桶豆油算是贵重物品。后来我每次探家都去看望他。几十年来我们一直书信、电话保持联系，从未间断情谊。他比我大 32 岁，现在 90 多岁了。我几个弟弟妹妹读高中时，还时常听到老校长和师生们讲起我当年品学兼优的事情。

◎ 怀梦参军

“革命委员会好”是当时毛主席的最新指示，此语录一发表，全国各级政权机关就以“革委会”的组织名称确定下来，全国第一个成立“革委会”的是黑龙江省，各大报纸均在头条位置出现“东北新曙光”的黑体大字题目。每个省成立“革委会”都有个题目。在这样的时代背景下，我被“革委会”任用为国家干部，当时 18 虚岁，17 周岁，每月开工资 38.6 元，引起一片轰动，家人亲戚也引以为荣，乡亲们都觉得我非常有前途。

1970 年 7 月，我高中毕业。临毕业前十几天，公社革委会决定让我到公社当宣传助理兼广播站报道员。这份工作主要是围绕农村的宣传教育工作去发现问题、解决问题、总结经验、指导工作，下乡开展工作的机会非常多。每到某个大队的生产队，都是住派宿、吃派饭，也没有特殊待遇，大队干部选最干净卫生条件好的家庭让我们吃住，每顿饭交 5 分钱、半斤粮票是公社干部标准。

◎ *1970 年 7 月 28 日，彰武县五七大学新闻报道学习班*

半年后，年底 12 月，一年一度的征兵开始了。接兵部队来了，要抽人组建由接兵干部和公社干部构成的征兵办公室，公社领导就抽调我进了征兵办公室，与接兵的两位同志一起忙征兵。忙了近一个月，当兵的人都定好了，我到县武装部去领军装的时候，负责接兵的营长（在部队是军务股长，1946 年入伍）、教导员（在部队是宣传干事，1961 年入伍）问我："小张你当不当兵？"我说："我当然想当兵啊，但是不可能让我去。"他们说："怎么能不让你去呢？"我说："公社刚选拔我过来，任用我不到半年，还没干事呢，就当兵走了，不太可能。"他们说："你等着吧，我们找李景俊主任。"公社革委会李景俊主任是部队排职干部转业的，第二天，他亲自找我，问："你真的想参军吗？"我不好意思地说："主任，我原来没想。因为刚参加工作，还没做出多少贡献就走也不太合适，所以我就没报名，也没参加体检。"李主任看出了我的心思，又说："我也当过兵，理解你的想法。你要真想去的话也可以，你为什么想去呢？"听了这话，我说出了自己的真实想法：参军，圆自己上大学的梦。那时工农兵大学生选送在军队更容易些。他说："你要这样想的话，我同意你去，可你家人同意吗？"我说："家人我可以做工作。"他说："行，那你就可以去。"就这样，李主任理解我的迫切愿望，满足了我的请求。于是，我没体检、政审，就这样参了军。

我到县武装部领完军装回来，因第三天就要走，于是换上军装回了家。因为我在公社工作，在公社吃住，离家 25 华里，突然一身军装回了家，家人们十分惊讶！父亲母亲一愣，说："你怎么穿这套衣服呢？"我说："我想当兵去。"他们顿时都不吱声了。母亲默默流泪了。

对于我当兵，父母没说什么，但亲戚们，舅啊，姨啊，叔叔啊，姑姑啊，没有一个同意的，都说我已经是国家干部，挣着工资人们都羡慕呢，我却想去当大头兵，再说缺了脚指头当兵也不合格……我的脚伤已经给两位接兵的干部看了，他们都说没事没事，当炮兵不走路。在军队 38 年，后期曾有人说，腐败白瞎了你没能当将军，我心想，本来我就不够当兵资格，更没想过当官，只是想通过当兵上大学的。

还是父亲理解我，知道我的心事，问我："你小子是不是想上大学？"我说："是，爸你说对了。"他说："我支持你。"母亲也没说二话，只是掉眼泪。我把当月开好的工资 38 元 6 角留下 4 元，剩下的交给母亲。母亲说："那你好好的，到部队以后，我倒不担心你别的，就担心你那只脚啊！"说实在话，我父母对我是比较放心的。十七八岁应该是父母给做主的年龄，而我却自己决定了以后的命运。这件事也从侧面证明了我家是个非常民主的家庭。

我穿上军装只在家住了一宿，第二天就出发了。送我上车走时，我父母都没掉泪。当时即便家里没有人当兵的村里人都出来了，邻居赵大叔跟我父亲大声说："你家孩子到部队估计是当官的料，不信你就看着！"这句话让我父母听着也挺心安。

我当兵走之后二弟德田也要当兵，但家里已经有一个当兵的，考虑到劳动力少，家庭困难要靠公社照顾，公社不允许。母亲那时 40 多岁，就亲自骑着毛驴赶了 20 多里路，从大队到公社去申请，做了好多工作，表态不用公社照顾，不吃救济，要让我孩子去。为什么这么下功夫？因为那时候农村孩子当兵也是个出路，提干的机会比较多，而城市孩子当兵，回家会安排工作，两种目的，不一样。在母亲的努力下，二弟也当了兵。

◎ 八口之家全家福，当兵第二年回家留影，前排父母与小弟，后排右至左，二弟，我，姐，二妹，小妹

第二部分 我的军旅生涯

我的年表

1970 年 12 月：18 岁从辽宁省阜新市彰武县入伍（战士）。

1971 年 11 月：团政治处，新闻报道员。

1975 年 7 月：团政治处，新闻干事（排职）。

1976 年 9 月：师政治部组织科，干事。

1979 年 1 月：连队指导员。

1980 年 1 月—1981 年 10 月：师党委秘书。

1981 年 11 月：白城守备区（军级单位），政治部秘书处秘书（正连）。

1983 年 3 月：守备区教导大队，教导员（正营）。

1983 年 12 月：守备区教导大队，副大队长（副团）。

1984 年 3 月：守备区政治部秘书处，副处长。

1985 年 5 月：邓小平“百万大裁军”开始，白城守备区撤销，重返内蒙古乌兰浩特守备三师任炮兵团政委（正团）。

1992 年 7 月：牡丹江预备役师，政治部主任（副师）。

1993 年 12 月：23 集团军 67 师，政治部主任，副政委。

2002 年：黑龙江省军区大兴安岭军分区，政委（正师）。

2007 年 9 月：退休。

当兵的岁月是人生中最重要的一笔财富。我刚入伍时，有句话叫“部队是个大熔炉”，也有“毛泽东思想大学校”的说法，意思是指培养人、锻炼人的地方。军营里独有的方块加直线美；新兵入营，老兵离营的流水往复；号声、枪声、歌声中伴随汗水、泪水、血水的单纯、苦累与紧张；年复一年极有规律的简单中写满了热情澎湃的诗行、富有哲理的曲调。

那是20世纪70年代初，正值“文化大革命”中期，国家经济困难，仍在“极左”思想的影响下。部队提倡“艰苦奋斗”，记得有这样一个故事：一位与我同年入伍的连长在中午开饭前发现炊事班泔水桶里漂着几个完整的馒头，就集合全连，眼含泪水说：“现在国家在过紧日子，供我们白吃白穿。农民种的粮食是以血汗换来的，我们没资格这样浪费，这是忘本的表现！”说着，他当着全连官兵的面，把那馒头大口吃了一口。身教重于言教，官兵们被感动了，抢着泔水泡过的馒头吃了起来。

我从小就勤劳、朴实、自立、积极向上，没有依赖心理。因为我在家里是老大，自然勤俭持家，有一种长兄的责任感。当战士第一年，每个月津贴费6元钱，一年12个月72元钱，加上离家带的4元钱，一共76元钱，我只花了16元钱，60元钱给家里汇回去了。那一年，我没用过香皂，就是最基本的牙膏加肥皂，一块肥皂连洗脸带洗衣服，其他的啥也没买。从没用过雪花膏、蛤蜊油啥的。儿子上大学时习惯用“大宝”，他们宿舍人人都有外号，他的外号就叫“大宝”。后来，我提干每个月52元工资大部分寄给父母，结婚时才用了40元钱。

1983年年初，我从正营提到副团。像我这个年龄段都要搞调查，查清是不是“文化大革命”时的打、砸、抢“三种人”，尤其是我担任过红代会的主任，更需要慎重查清运动中的表现。当时部队派了两个不认识我的干部到我老家彰武县档案局查档案，又到我户口所在地的福兴地公社、生产队与当时“革委会”成员、县红代会成员、学校校长老师同学以及家乡邻居，采取个别谈话和开座谈会的形式了解情况。不但没了解出问题，相反了解到的全是说我好。因为调查组的工作做得认真细致，部队党委讨论通过了我的任职命令，并将对我的调查作为当时调查“三种人”的范例。本来老家包括我的亲属、老师和同学都不知道我提团职干部，这一调查，全知道了，纷纷打电话祝贺我。

“文革”十年，使一批人失去了上大学的机会。1977 年恢复高考，分数很低就能上大学，考生的年龄差距很大。我的同班同学有同我一起去当兵的，他们都没提干。有的回去投奔亲属安排工作，而我那时就想通过当兵上大学，即便有人在城里给我安排工作，我也不想去。参军后，我很顺利地入了党、提了干。25 岁当连队指导员，29 岁提团职，32 岁当团政委，39 岁走上师级领导岗位。但理想，个人梦，要随着时代的发展变化，由于种种原因，我最终没上大学。当时流行函授、刊授的自修大学，我自修了两个本科，到任师政委，我自修政治思想工作的研究生，后来成为政治思想工作的研究生导师，就算圆了大学梦。

◎ 新兵训练

忆当兵之初，我胸戴大红花上了军列。整整一天一夜，1970 年 12 月 24 日，天刚蒙蒙亮，军列停在了白阿线上的一个小站：索伦站。

按照火车上编好的班，我们下火车后，每人穿上一件军大衣，又登上了绿色的十轮大卡车。车，绕着一座座大山盘行，这是我生平第一次见到山区。经过一个多小时，大卡车驶入了一个叫乌墩的山沟沟。这时天已大亮，一位身着带垄沟的棉袄棉裤，腰扎一条军腰带的人正在喂猪。我心想，难道这就是我要到的部队吗？车停在了院子里，真的就是目的地了。连队老兵拉出去冬季野营训练了，喂猪的人是连队炊事班留守的饲养员。

我所在的是炮兵团榴弹炮营三连。22 名新兵分两个班，一个房门内两个对门房间，班长带我们共 12 人住一个大通铺。放下各自的行李，还没吃早饭，就见有人趴在行李上哭鼻子了。我虽然也觉得与想象的军营比落差太大，但因心中有梦，没什么后悔的，自然不会流泪，想着既来之则安之，还劝解着哭鼻子不吃饭的几个新战友。到部队的第一顿饭是大米饭，黄豆炖海带，没削皮的冻土豆和大头菜。后来才知道，大米饭和黄豆炖海带是每周才能吃一顿的。班长让我们自结帮学对子，我选了一位哭得最厉害的战友结成了对子。

从到营房的第二天开始，几乎每天班长都领我们上山打一次柴，说是“以实际行动迎接老兵回来”。山上没路，因为距营房远觉得上山的坡也很陡，近 20 厘米厚的白雪下是看不见却带刺的柴草，每走一步都是那么的艰难。下山，肩拖一捆不成材的柞树、桦树，越走越显沉重。不到 20 天，我们的棉衣外罩的两肩被磨破了，新大头鞋磨旧了，新背包绳也磨出了毛儿。

新兵训练烙印最深的是紧急集合。尤其我们排，排长是位四川籍新提干的，四个兜的衣服还未领到手，班长也是由副班长刚转正的，他们都是新官上任，“三把火”烧在刚离开家的新兵蛋子身上，真是够受的。排长是个“激进派”性格。紧急集合那特殊的急促哨子声“嘟嘟嘟嘟”说不准啥时候就响起来了，不分白天、夜间，让人掌握不到规律，摸不到头脑。有时一个晚上连着搞三四次，弄得人简直不敢睡觉，但又必须全脱而卧。十几个人睡在一张大通铺上，越着急越忙乱，有的抢别人的裤子穿，有的着急把棉衣当棉裤穿，洋相百出。每次集合都要分别记下每人的时间。我认真地按照先后顺序穿戴，几乎每次都第一个全副武装跑出去。最快时从穿衣、打背包、带齐装备站到位不到三分钟，创造了连队纪录。集合好后检查携带物品是否齐全，接着是待敌情背景的任务宣布，然后跑出营区。第一次时，我们都以为是真敌情发生了，紧张一番，后来知道，这样一方面是形成一种紧张的战备气氛，另一方面是检验每人的背包打得符不符合行军要求。开始几次，有的牙具跑丢了，有的没跑多远背包就散架了，没办法抱着行李跑。当然，这种“掉链子”现象很快就消失了。

军队最基本的就是训练。日常的训练包括：

第一个是共同科目训练，共同科目就是立正，稍息，整齐报数，各种步伐，每次考核的时候共同科目是必须要考的。平常必须训练，考试的时候必须考，是规范军人的基本东西，包括叠被。

第二个是体能科目。包括负重跑，五公里越野。

第三种是专业科目。步兵专业是投弹射击，炮兵专业就是专业技能科目。

最后一种是战术演练，演习。实战演习，接近实战，就是打仗。带战术背景的实战演习一年一次，有的时候也有防暴演习。

部队演习主要是带战术背景的，在野外，不是在训练场上。有时搞野外生存能力训练，三个人一个小组，每人给两块压缩饼干，饿了就找野果子、野菜吃。给你一个空水壶，一包火柴，一支枪，五发子弹。三天或者五天，最长一周进行野外训练。不允许进村庄，不允许在老百姓家吃住，基本上都是无人区，锻炼野外生存能力。野外蛇、野猪、狼等动物都有，从实际作战的需求出发，训练服是封闭式的，在脚脖子处系紧，鞋也是高鞠的胶鞋高鞠皮靴，防止蛇、虫爬入。

新兵连生活中段，三个排各出一名新兵代表随从老兵出去徒步拉练，等于一个营三个连队每连有一个新兵参加。这虽然不是什么奖励，但对于我们还没戴领章帽徽的新兵来说，可算是莫大的荣耀。一连，二连选的都是知识青年出身的新兵，我们三连是我去的。因为学生时我是校文艺演出队队长，会快板、朗诵、拉二胡，途中鼓舞士气，住下来与老兵一起为房东老乡演出，挺热闹，也深得老兵们的喜爱。但当兵的苦，没有当过兵的人想象不出来。平时走路脚稍有委屈稍有水泡人就疼得受不了，由于精神高涨，我徒步脚上起了泡都不知道，晚上泡脚时才觉得痛。投入了，在训练场上，在演习的过程当中，根本不觉得疼。白天训练，到晚上把鞋一脱就能从鞋里倒出水来，有时倒出血水，都是正常现象。

拉练期间，有一天，连队夜行军到好仁公社的“好仁大桥”休整，发现一名地方小伙子扛着一捆麻袋躲开连队绕路跑，两个老兵急忙追上去，发现他真的是偷生产队的麻袋，问他是哪里的，他说是好仁的。老兵说：“好人咋还偷麻袋！”竟成了个故事流传下来。

拉练的最后一天是昼夜连续奔袭，我们三连与全团有名的典型连二连搭成梯子连队，夜间急行军50公里。二连是只带轻武器轻装行进，我们连仍是全副武装，臂戴白毛巾，全连官兵都较上了劲儿，拂晓时与轻装的二连同时到达目的地，不同的是二连的收容车上有个掉了队的扭脚伤员，我们连的收容车上却没有一人。全连官兵内心一致感到是我们赢了，都兴奋地唱起了那首“怀揣宝书手握钢枪，守卫在祖国的边防，站在草原望北京，誓把毛主席最关心的地方变成毛主席最放心的地方”。歌声响彻夜空、传响山谷……那次与先进连轻、重装的区别，以及黑夜间两串运动着的白色毛巾发出的银光，在我的脑海里存在很久很久，时常浮现于我的眼前。也是从那次开始，我所在的榴炮三连的突击力在全团有了名，立起了杆子。

拉练结束回到营房，连队进行拉练总结，我作为唯一的新兵代表得到了一个口头表扬。没过几天，新兵训练结束的手榴弹投掷，我出丑了。本来投弹是我的弱项，只能投三十几米远，因为想看投出手榴弹后炸点啥样，我违规站出了掩体，几个弹片又巧合地打中了我的鼻骨边。排长带卫生员亲自送我到师医院，当时已近中午下班时间，为了不使我脸上留疤痕，医生们在X光机下做取弹片手术，直到过了下午的上班时间手术才完，他们才吃上午饭。出院后我以为按违规操作处罚在所难免，结果什么处罚都没有，也许是功过相抵了吧！

新兵入老兵班，我分到相对需要文化素质高一些的指挥排侦察班。班里共六人，班长、计算兵各一人，方向盘手与炮队镜手各两人，我们两个新兵当然分别为方向盘和炮队镜手的助手，我是属主观方向盘手的助手。半年后，我接了计算兵，参加了团里组织的计算兵集训。按计划集训还未结束，“九·一三”林彪事件发生，部队进入一级战备，我们便归队到位了。计算兵全连只有一个，任务是根据方向盘和炮队镜测出的夹角数据，计算出精确的炮阵地与目标距离、方向等数据，直接提供给指挥员下达射击命令，是指挥员助手的角色。我的计算速度、准确程度、识图用图、目测距离等均是最棒的，连长格外信任，从不做复核计算，我自信与当学生时一直是学习尖子的老底子有关系。

当兵第一年，连队执行国防施工任务，具体说是在大山半腰开掘山洞，抡大锤打坑道，除每天只有半小时的天天练外，其余时间分三班倒作业，这对刚满 18 岁的我来说真是个严峻的考验。不过，还够长脸的，抡锤打眼我很快入了门儿。全连最厉害的身高一米九胯宽腰粗的副连长与我比赛，同样 12 磅大锤，比一气打的个数与钎眼的深度，我一气打了 1010 下，进度 12 厘米，副连长打 1200 下，进度 13 厘米。我输给了他，他却很服气地对我说：“论年龄、论身份、论资历，你都没输，你是个新兵，还是战士中的第一嘛！”

◎ 与同学战友徐国超在炮场（右一）

施工中，连队三个排恰好分三班倒作业，每个班次八小时完成一个打眼、放炮、排渣周期，每天都比着进度干，周六半天党团日常被占用，只有周日休息，我还要写出每周一换的连队黑板报。再有，夜间轮上炮场站岗算是休息。最初，宁愿不休息我也不愿意去站夜间炮场岗，因为胆子小。漆黑的夜里，吼叫的北风夹着白雪烟儿，像刀子一样刮在脸上，吹进脖子里，冷得透心寒，还时常听见狼的嗥叫声似乎由远及近，夜深人静好瘆人，越听越近，我吓得躲在炮轮子与炮架之间，不敢动一动，快半年了惧怕站岗的心理才算真正克服。

那时候全连轮岗，比如侦察班这几个人轮，一般情况下，两到三天就轮一次，我们连队人少，两天就轮一次。冬天一个人晚上是一个半小时，一夜几小时。今天轮到上半夜的，下次排到哪儿就站哪个岗。带班带岗这人负责烧炉子，给各个班里的炉子添添火（冬天是地火龙那种，烧木柴），谁的被子露肩了还负责给盖盖被子，到点了就叫人换岗。两人站岗，新兵拿枪在岗位上站着，老兵负责带班。

当兵半年时，连长知道我还没给家邮张军装照，便派我出公差拉粮，到镇上照张相。小照相馆里，一片白布挂在黄土墙上做背景，长条凳子四腿还活动，只能照黑白片，我照了入伍后的第一张军装照。那时连队进行半年总结，搞四好连队、五好战士的初评，比例很小，我被评上了，指导员总结概括说我是从学校门到公社门再到部队门的“三门兵”，意思是从学生到公社当干部，又来部队当普通一兵，准备在班排满一年后让我到连部当文书。但我们班长

◎ 同班战友

却不知为什么总是板着脸对我，更多表扬与我同进班里的杜景荣，说他细小工作做得多，实干精神强，踏踏实实，反衬我细小工作做得少，实干精神不强，能说善写显得虚而不踏实。我与战友杜景荣在班里的差距是事实，我心想，就算对自己严格要求和心理承受能力的锻炼吧。我对班长更加尊重，同时格外注意与同班战友杜景荣的相处，学习他身上朴实的东西。我们既是战友又是朋友，两年后他复员时，还跨公社近百里专程去我家看望我父母，我们至今仍保持着联系；我退休后还专程到老班长的家乡抚顺农村看望他。

那时入伍是 18 到 22 周岁，现在入伍是 18 到 20 周岁，女兵是 17 到 20 周岁，主要是大学考军校，提干不从战士中直接提，要从考上军校的提。军校一毕业就享受红牌（干部待遇），本科全享受副连级的工资待遇。我们国家军队的教育是不怕苦不怕死，为国家的利益英勇献身，杀伤敌人保存自己。我那时的理想不是当官，就是想上大学，获得全面的素质，为社会为国家做贡献。对个人来说，不想当将军的士兵不是好士兵，德军、美军、当年的苏军都灌输这种思想。

◎ 从通讯员做起

1971 年 11 月，连队国防施工未下山，我被调到团政治处当新闻报道员。

团部的驻地索伦，历史上是兵家必争之地，东北至西南贯穿着一条规模宏大的古代军事防御工程，号称我国古代万里长城第二。金太宗天会年间，金朝为防御逐渐强盛的蒙古族部落修筑由壕、墙、马面、戍堡、关城五部分组成的“金界壕”，又称“金长城”“兀术长城”。壕宽 30~60 米，至今不失磅礴之势。

索伦镇中心，最高建筑是纪念抗日战争中牺牲烈士的“将士碑”，后山坡矗立着解放战争中牺牲在这里的烈士们的座座坟茔和纪念碑。

索伦后山军马场边，有为纪念于此指挥作战献身的一位将军所立的“将军石”。这里曾是当年苏联红军援我作战而集团进入的地方。毛泽东主席曾在听取时任总参谋长的罗瑞卿汇报军队部署时，手指军用地图上的索伦，问此有无驻军设防，得知没有时，立即命令调驻部队。我所在的守备三师炮兵团于当年冬天奉命从海滨城市大连移防至索伦河谷。听老同志们讲，部队进驻时正值寒冷的冬天，冰天雪地住帐篷，零下三十几摄氏度进行野外训练，昼夜深挖洞，修筑野战工事、开采石头筑营房，经常搞演习，时刻准备打仗，条件十分艰苦。部队自编一首歌《毛主席关心的地方》，一时间“把毛主席最关心的地方变成毛主席最放心的地方”的歌曲唱响全师营区、工地、训练场，也变成了官兵热爱边疆、建设边疆、保卫边疆、扎根边疆的“四边”思想的誓言和行动。

从连队到机关，我做的第一件事，是到索伦镇用入伍一年每月 6 元津贴费积攒起来的共 60 元为母亲买常用的去痛片，为父亲买他舍不得买的茶杆（他只喝廉价的茶末），寄回家。

1972 年未征兵，我当了两年新兵，下连队采访写稿子，仍然是新兵身份。在机关打扫卫生、担水等细小工作都需主动些，一旦有的干部干了我心里格外不得劲。政治处长廊里有口大缸保障全处人员用水，打扫走廊和室内卫生等被我与电影组的放映员同年兵罗文芳包了下来，我们宣传股几个办公室内的用水和卫生更不用说。通讯员写作包括人物通讯、经验消息、故事、报告文学，以经验消息为主，反映部队正常工作，每个阶段、每项工作好的做法、好的成果、好的经验、事迹一般发表范围就是所在省的省报、军区报纸，还有《解放军报》，中央广播电台一个专门的部队栏目。各大军区都有报纸，沈阳军区是《前进报》,《解放军报》是《前进报》的上一级。通讯员可以直接送稿,优秀的再往上选拔,允许一稿多投,只要不是同一个地区。如投稿于所在省的省报,其他省报就不能再投。我属于沈阳军区就到《前进报》送稿,更多的是寄稿件。写稿子从采访、立意、初稿、修改到最后定稿,虽然是个艰苦的过程,但完成一篇稿子时特别轻松而有成就感,修改完后有时候刻钢板,有时候用蓝色复写纸。

做通讯员什么时候最幸福?就是写完稿子送到邮政火车上。我不相信当地的邮局,怕弄丢了或耽误时间。从我们团部写完稿子赶着时间点跑到火车站,三公里。每天就一趟邮政车,必须直接送到火车的邮政车厢,交给他们,这才放心。尽管寄出去多半都是“肉包子打狗有去无回”,见不了报端,但还是不停地写,像上了瘾,写了这篇还想着下一篇。每当在报纸上、广播中听到自己写的稿子得到登播,心情比得到任何一种奖励还要美。

守备部队驻地条件艰苦,按战争中一颗原子弹不能炸垮一个连的要求,住的特点是“山、散、洞”,采访和写作都很辛苦。那时候不写通讯员个人的名字,每个报道组有个笔名,我们炮兵团的笔名叫“山炮红”。一般的团都是两到三人,一个干部带两个战士就不错了,我们团是最多的,五个人。两个干部带三个战士,经常背着行李下连队采访,几乎一年有一半以上时间都在连队蹲点。我一年最多写了一百七八十篇,平均每两天写一篇。师里每半年搞一次评比,根据发稿量和见报量,国家级的还是地方级的,到年终奖励。竞争无处不在,都是自发比赛,力争上游。我们报道组最强,上稿篇数每年在全师五个团中排第一。

新闻报道本来是政治工作,团长、政委等几位团首长都特别重视我们报道组的工作,我们压力很大,也越发刻苦地工作。写新闻报道,写工作经验,有时候首长带着我们给连队讲课、做形势报告等。那时

候稿子非常严格，有一处失实，也要受处分。把时间搞错，或者把人写错，张三写成李四，或者这个经验不是这么做的，硬拔高，都不行。团长叫赵士荣，很有思想水平，几乎天天来到报道组里过问：写什么稿子了？团里的工作又见报了没有？一次团长拿着报纸侧仰在床上正看着，报道组长刘兆林进来，错以为是另一位王干事，便开玩笑一下扑过去。报纸一拿，没想到是团长，他很不好意思，愣在当场。团长自然地笑了，说没事没事。那个时候，那还了得？团长是最高长官。这件小事表明，团长在我们面前放下了自己的架子。

我切身感受到的第一个“雷锋”是榴炮一连的指挥排长高金柱。我和他吃住在一个班里，发现他每天都要起床替战士站一班岗，是最难站的前后数第二班，因为前数第二班是刚睡一会儿就起来，后数第二班没等睡着就到早起床时间了。起床哨响了，最难受，实际上就等于两班岗睡不上觉。误岗要受处分，批评常常说“当得起兵站不起岗”。高排长坚持为战士站这班岗，就是骨子里有那种对兵的关爱，一般人做不到。干部为新兵站岗，有的人可能是为了政绩的短期行为，长期的坚持不了，他却一直坚持着。带班的老兵不叫他，他就特意买个闹钟定好时放在自己的被窝里。我掌握了高排长大量爱兵的事迹，稿子发出后很快就见报了，我们也成了朋友，他当副连长后，得知我筹备结婚，利用住院的机会趴在地上为我的新房铺地砖。他转业后我每调换一个地方他都会去看望我。后来一次公出，我绕道专程去看望已经退休的他，绘声绘色话起当年，唠了整整一天，告别时流泪拥抱，依依不舍。

新闻报道要抓问题。一般来说，稿子有没有分量，是不是能让编辑看中，关键要根据当前形势抓问题。见报的往往是部队中普遍存在的问题，问题抓得好，显示出一般规律，会产生很积极的反响，稿子的分量就大了。

团被称为一线指挥部，团级地位作用最重要，我们有一次写了一篇一线指挥部要在一线做工作，写团党委如何抓部队的建设经验，被《解放军报》《前进报》《吉林日报》分别登在头版头条，在全军反响非常大，叫响了团队一级的作用，也反映了毛泽东重视县、团级地位作用的思想。处在一线位置，不到一线做工作，就失去了一线指挥部的作用，如果还像师以上单位那样脱离实际空对空，或者按照上级指示照搬照套，那就是工作没沉下来不接地气。落实工作，抓的方法不对可能就和下边脱节。在指挥部里，搞“我说你听、我管你服”的官僚作风，靠行政命令，工作就没有实效。

我个人的体会是，年轻时的写作水平就是走上领导岗位后的思想水平。纵观部队里有发展潜力的各级干部，尤其是走上领导岗位的政工干部，百分之七八十都有搞新闻报道的经历，都是从报道员成长起来的。原北京军区政委、沈阳军区政委等大军区政委，都是搞新闻报道出身的。组织部门、宣传部门一般都选调新闻报道干部。

我们报道组的几个报道员相继提了干，组长刘兆林调到省军区创作组，后来调至军区创作组，很快成为全军乃至全国知名的青年作家，在辽宁省作协主席岗位上退休。另外一名干事杨学泉成为《解放军报》驻新华社记者站站长。后来他到内蒙古西部地区采访，所乘车辆途中一个前轮掉落，造成翻车，因公牺牲，被追认为烈士。

刘兆林，少言寡语，说出的话却句句有分量，他写作精益求精，每篇作品都让人深觉有生活有回味；他为人低调，对工作讲原则，对下属既温和又严肃。一年冬天，报道组几个人围着火炉研究稿子，我因热解开风纪扣，吃午饭时忘记系上了，他在饭堂当众严肃地对我说：“把风纪扣系上！”饭后照常温和对我。他任党小组长，有位比他早入伍七年的老同志因犯错误留党察看半年，到期同小组的人一致同意恢复其党员身份，他却认为还有差距，坚持继续看表现。

他夏天穿“解放鞋”常不穿袜子；冬天床单上铺着皮大衣睡觉，贴身暖和；结婚典礼上唱《我是一个兵》老歌，第二句就跑词到了第二段；婚后新房是他爱人学校的老师办公室，我帮他给嫂子搬家，赶上停电，摸黑爬老旧木质楼梯，发出咣咣的吓人声。新婚第三天他就下部队了。时隔不久我去看他，用暖瓶上的铁盖当酒杯，一盘土豆丝下酒，他一口我一口轮换着喝……我返回到车站时他坚持给我提包送站，我不好意思，他却严肃地说：“我不提包怎么叫送你呢！”

他是我整个青年时期的偶像。他喜欢我踏实、朴素、刻苦的劲儿，劝我选择文学创作的路，别去从政。我虽未摆脱从政的路，但在他的影响下，我心中除了当兵之初就有的“大学梦”，又添了一个“作家梦”。

1974 年，政治处主任带我下连队蹲点，接到通知说上级给了个吉林大学上学的指标，干部战士均可。我高兴极了，因为我当兵目的就是上大学，圆梦的机会终于来了！遗憾的是，主任把入学指标给了我们蹲点的五连文书。我心里埋怨主任不放我走是“现得利”思想作怪，为他当政期写经验、整材料的短期行为而不顾我的理想前途。主任劝解我：“发挥已有的优势，比上大学可能发展得更快更好，况且团里正需要你。”我并不想求取仕途，不看重发展快与慢，听了主任一番诚恳的话，还是收了心，专注于把眼前的工作做好。

1975 年，我提干了，命令是“见习新闻干事”，工作内容还是写新闻报道稿、写中心工作材料，两头忙。1976 年，师政治部组织科要调我，团里不同意，团长与师组织科长在电话里还发生了一番不愉快的对话，最终我还是到师组织科报到了，成为师政治部最年轻的干事。

不同于地方的是，部队是把干部人事和组织工作分成两个部门，组织部门各种文字材料撰写的工作量较大，用一句话形容组织部门是“中心部门写重心材料”。

◎ 在后进连当指导员

1978年冬，我不满27岁，未婚妻单位给她一间半房准备结婚，按照当时“以男方为主”的给房政策，我们真是破了例的。房子钥匙拿到手四个多月了，因为我的年龄（仅差一个多月满27岁），师政治部主任关景章（他是一个讲原则不讲情面，总是板着面孔“一本正经”的人，人称“关霸天”。关主任也是我的一个恩人。我当团政委之所以那么成功，就是从他身上借鉴学习了很多东西）坚持原则不予批准，直到一天不差满年龄才批准。结婚日子定在1979年元旦，我们准备回老家旅行结婚。就在我打休假报告时，主任决定让我下连队任职锻炼，并亲自找我谈话："你本该从基层锻炼后再结婚。有出息的年轻人，就应先立业后成家嘛！即使年龄到了，结婚也行，但不能休假。你去的连队是全师最后进的师直高机连，一定要干好，尽快先到连队报到。”主任简短几句话，我只有照办的份儿，就到直属工作科康科长办公室报到。

康科长先是给我简单介绍了连队情况，接着问我："你不是刚结婚吗？休完假了吗？”我说："是，还没休假。”康科长很干脆地说："那你就先休婚假，省得到连队刚熟悉情况又休假。”康科长的话正合我和家人之意，算是在关主任那儿打了个马虎眼。我第二天稍加准备，就坐火车回老家了。

新婚，又回家与父母过团圆年，我的心情应该格外愉快，只是关主任让我先到连队工作没有如实讲给康科长，我总觉得不踏实，高兴不起来。到家第七天，正是大年初一，大队通讯员送来部队发给我的电报“见电速归”。我心想，准是关主任知道我违背他的指示休假了，于是我和爱人立即返程。在火车上得知对越反击作战打响，部队准是紧急战备了。

下火车后到家当天，组织科曹干事赶到我家，通知我说："关主任让你马上去他办公室。"我想坏了！康科长没找我，但关主任找我，免不了一顿批。

我低着头，像犯了罪一样上了办公楼。当敲响主任办公室门时，心跳声比敲门声似乎大得多。

"进来！"我推开门，正规地敬了个军礼。主任手里拿着正在看的文件，抬起眼睛，从折叠式小眼镜的上端盯着我好一会儿不吭声，然后问："你还回来呀！你知道连队没有指导员不？"

我不敢作答。

"知道不知道！"他提高了嗓门儿，一把摘下眼镜，紧接着加重语气，"没出息！娶了媳妇啥都不重要了？"

"知道。"我说出这两个字，两行眼泪从早已模糊的两眼和涨红的脸上滑落下来。这是我当兵八年第一次流泪，是冤枉吗？不是！是委屈吗？也不是！是自己在主任与康科长之间耍了滑头而产生的一种愧疚，是自己内心那种辜负首长培养而不争气的后悔！我恨不得转身跑出主任的办公室，但没敢，也不好意思抬起手擦自己的眼泪，就一声不吭地站在办公桌旁主任面前，接受严厉的批评。

关主任是个见眼泪心也不软的人，相反更加尖刻："你不但没出息，还不磊落，隐瞒实情获得康科长的安排休假。你没摆对位置，把个人利益摆在革命利益前头去了！把自己的小家摆在集体的大家上头去了！今天必须去连队报到！"同时，约法三章：一不能在家吃住，二要每个月向他汇报一次思想和工作，三是一年内改变连队落后面貌。"你出去吧！"说完，主任把我撵出了办公室。

那时，他对于蜜月未满和未在连队任过职的我，尖刻的批评、严格的要求里包含着对我的偏爱、信任和期望。我有压力更有动力地到连队报到了。连队距我的小家不足两千米。连长、副连长、副指导员的家也都在连队驻地。按照规定，我们可以每周末轮流回家，但我把机会让给了连长和两位副职，开始了与家属近距离的两地生活。

1979年，中越反击战，部队一级战备，连队指导员会上一线。当时师里要求选拔有培养前途的优秀年轻参谋干事到连队任职，我们政治部就选了包括我在内的两个人。1月，我从机关下到全师最后进的师直高机连任指导员。连长、副指导员都是1965年入伍的，副连长和排长分别于1969年、1968年入伍，而我1971年入伍。我一方面以尊重老同志的态度与他们积极配合，另一方面尽快逐一与后进战士层谈心、了解情况。连队离开营房奔赴边境野外雪地露营，随时准备打仗，情况复杂，任务繁重。在那整整一个月的紧急战备中，按当时要求，有车连队干部必须学会开车，我们几名干部在雪地上学会了汽车驾驶，几个“后进战士”在野外带战术背景的实战训练考核中都表现得尤为积极，成绩均名列前茅，正说明“平时吊儿郎当的后进兵战时多出英雄”。紧急战备结束，下山后连队执行为国防坑道配模加工木材的任务，在大、中、小三个电锯下每天加工近百立方米圆木，任务重，风险大，需要干部跟班作业，还要与比自己连队多九人的防化连竞赛加工米数的多少。每个作业组五人，按班编组都有剩余人数，我就把连队几个后进战士编成组，我当组长，与其他组展开竞赛。后进战士大多聪明、智慧，一旦调动起来，都是强者。我们这个组每天都排在前面，几个人都很自豪，借此机会我鼓励他们在其他方面也不要落后，他们很快摘掉了“后进”帽子。当时连队四名连干家都在驻地，我要带个好头，不能每天回家，怀孕的妻子无人照顾，妊娠反应强烈，胃里存不住食物，吃啥吐啥三个多月。

一天，连队晚上去师大院礼堂看电影。回连队路上，一班一位四川籍战士与另一位战士讲到入党问题，说连长是自己老乡也不帮忙，不够意思。他发牢骚正好被走在后面的连长听见了，连长就把那名战士找到连部，问他说了什么，战士说没说什么，连长气得打了他一耳光。我及时与那位战士谈话，首先肯定连长打人是错误的，同时指出他背后发牢骚及靠与连长老乡关系求个人进步的错误之处，稳住了他想上告连长打兵的情绪。然后我又与连长谈及打兵的严重性，并劝他第二天去道歉。但连长是个犟脾气，到了中午还没有找那位战士，我真急了，因为那个时段正是连长要提副营的时候，搞不好一巴掌会打丢提升的机会，而且要受到严厉处分。午饭后，我硬是让连长在办公室里等着，派通信员去叫那名战士，说连长叫他，结局算是连长赔礼道歉，战士很感动，稳妥地处理了此事。十几天后，连长任副营长的命令也正常下来了。他离开连队时，特意与我说了句悄悄话："我这个副官是你给的。"

整整一年任职连队指导员，我学到了很多间接学不到的东西。例如：怎样与另一位主官连长配合工作？如何发挥老同志的副职作用？怎样使排长真正充当好排头兵的角色？如何变消极因素为积极因素？怎样使积极因素形成竞争向上的势头？如何使连队的物质与精神互相促进？怎样处理好带班子与带队伍的关系？等等。年底，高机连摘掉了后进帽子，被评为思想政治工作先进和两业生产先进单位，我被表彰为优秀指导员，还在师召开的基层工作经验交流会上介绍了经验。

1980 年年初，我又被调回了师政治部组织科任师党委秘书。上半年师政治工作研讨会上，主任专门安排我结合个人体会做了研讨发言，引起不小的反响。打那以后，我不再是过去单纯地写经验、总结，而是涉及研讨文章。每次随首长下部队，除了正常任务外，力争有一两项研究性成果，在工作组回机关汇报时，有情况也有分析，有成绩也有经验，有问题也有解决问题的办法，还有专题性研讨成果，得到了师首长多次肯定。主任还以我为例在政治部开始了结合下部队调研，召开政治工作研讨会，形成了调查研究之风。用老主任的话说，这样不仅可以提高机关干部的业务素质，也通过实践让领导者的思想水平更加深入。

◎ 师部门前的军旗下

◎ 随主任啃硬骨头

1981 年年初，军党委扩大会上，七团先后三处挨了点：军事训练年终考核不及格；有 37 名战士私自回家；连队生活管理差，出了个“汤八连”（伙食只有汤没有菜）。

师党委会上，早已做好挨批准备的七团团长、政委听到的却是鼓励，两个人脸都红了，表示了打翻身仗的决心……政治部关主任当即表示要亲自啃这块硬骨头，带领联合工作组帮七团打这个翻身仗。党委会一结束，我们司、政、后机关共九名同志随主任进驻了七团。

团党委会上，关主任和他们一起分析形势，统一思想。在营工作的党委委员都表示决心，暗地里拉开了竞赛的序幕。最后决定，两天后召开全团军人誓师大会。当天晚上，关主任又组织我们八个人开了个工作组会议，内容很简单，提出要求，进行分工。有三名科长分别带参谋、干事和助理员各包一个营，我与作训科李科长跟随主任负责面上指导和情况综合。

筹备誓师动员大会，按照常理给首长起草讲话稿是我的事，但关主任说：“咱三人也得分个工：我的讲话我自己准备，李科长负责与团里修订训练计划，小张协助政治处的同志把会场布置好，想办法把团部大院儿的墙垛也写上字。好好想想，写点针对性强又鼓励振奋的词。”

说是“协助”，实际是独角戏，政治处只派了个放映员做我的“小工”。这任务可比写篇讲话稿重多了，因为是门面事，又是久存的。按照团部大院营房的匀称布局，经过一个多小时的苦思冥想、反复推敲，我有了这样三句话：

正面：“大练兵，大竞赛，军政文争三先！”

左侧：“军容整，纪律严，争做遵纪模范！”

右侧：“抓开源，搞节流，生活不断改善！”

我把这三句话写在纸上送给关主任看。

“好！针对性还蛮强咧！”主任说着出笔，把第一句话中的“争三先”改成了“都争先”。然后开玩笑地对我说：“现在，全军在开展创‘双先’活动，你多一先怎么行呢？呵呵呵……”

誓师大会后，我和作训科李守发科长多半时间随主任在各营转。一天，团里仅能动用的一台指挥车把我们送到二营，就返回团部执行另一项紧急任务去了，约好下午一点半准时来接。午饭前，二营的连队都转完了，午饭后休息一下，下午来车去一营正好。我这样盘算着，结果被主任否了，午饭后也不休息，决定徒步去一营。我说：“主任，咱们还是等车吧，二十多里路呢……”没等我说完，他打断我：“啊！原来你嫌我走得慢？慢，并不等于浪费时间，走路动脑想问题也可以工作嘛。”

是的，关主任边走路边考虑问题，是他的老习惯了。我只好托营教导员给团里打个电话，让小车去一营接我们，便急忙收拾东西跟他一起徒步。二十多里的路，我们整整走了近三个半小时。再翻过一座小山梁，一营在望。关主任边走边对我说："你看李科长多有军人样，走路都像练齐步走，咱们政工干部得学呀！"受到表扬的李科长没有任何谦虚的表示，还说出一句名言："军人蹲在厕所里也要保持立正姿势！"他说得很自然，却给我留下了深刻的印象，一直没忘，也没少去讲。临近一营时，主任突然停下来，坐在路旁落满柞树叶的地面上，对我们说："一路上，我想这么三个问题：一个是要使七团的工作很快摆脱后进局面，抓干部这个关键是必需的，但在抓主要矛盾中，要抓营一级作用这个薄弱环节，给他们也来个分片包干责任制。

◎ 身着作训服于团部后山

"另一个是抓训练提高素质这个中心带动其他各项建设，也叫抓龙头带龙身，为创造一个争先创优、互相促进的局面，在团部建立有线广播，每周利用电话让各营汇报情况，保证一个营汇报，其他营也都听得见，而后团里讲话。

"再一个就是针对驻地特点，大搞小秋收和业余生产，要订出计划和指标，提高连队经济收益。这三条你们看怎么样？"

我们被最后这一问给问住了，随即不假思索地回答："行，挺好。"

在七团近两个月时间，后来，我又先后三次随关主任去七团抓巩固发展，每次都不少于一星期。

秋天，七团硕果累累：

教育训练：取得总评优秀成绩，列全师三个步兵团第一；

行政管理：前进一大步，全团无一人超假和私自离队；

两业生产：个个连队达到蔬菜自给，粮钱双节约，"汤八连"每顿增加两个菜，变成了两菜一汤的“富八连”。

……

组织处的冯干事电话正式通知，军党委决定要总结七团一年变先进的经验，在年终总结大会上做介绍。看完通知，关主任当即决定让我协助七团完成这个任务。我最后总结经验时的题目就是：像指挥打仗那样指挥教育训练。

又是一年，师常委会分析部队完成年度任务的形势。五个团一议而过，最后的焦点落在了执行国防施工任务的师直工程营。

工程营是个组建不满两年的新单位，六个连队，一千多号人的特殊营。人员都是几个团凑起来的，按“好孩子不往庙上舍”的说法，不少人都叫它“后进战士的集中营”。眼下精简整编，它是全师唯一要撤销的单位。虽未正式传达这个精神，但工程营要解散的消息早就传开，干部战士的心已经成了一盘散沙。一个连队一百七八十号人，上工地的只有五六十人；快到“十一”了，全营年度任务完成还不到五分之三。营连干部们觉得，完不成任务已是“出了窑的砖，定型了”。

北疆10月下旬，被复坑道的水泥工程就不能进行了，仅剩二十几天时间，常委们也都为工程营担心，发表了自己的看法，唯独关主任一言未发。当研究组织工作组下部队时，关主任主动要求去工程营。主持会议的政委说：“我同意老关去啃这个硬骨头，需要哪些人去，各部门都给予优先！”

这回，关主任带的一套人马与去七团的不同，七名同志都出自政治部。看样子是纯政治攻势。

来到工程营，关主任既没开会，也没听汇报，而是先以整整两天时间，带着号称“施工通的王副营长”逐个工地现场察看。按原来的干法计算，完成剩余工程需两个半月左右。怎么办？向科学组织要时

◎ 陪关景章主任工程营蹲点工作组

间，向大干要进度！现实又是何等困难！关主任就从工程营要撤销讲起，对全营干部战士进行了动员："你们是工程营的第一代创业人，也将是这个营的最后一届毕业生。第一代创业人，要创第一等的工作；最后一届毕业生，要争获最好的成绩，绝不能让后人说我们工程营是以完不成任务而告终的……"

不知咋那么灵，干部战士都表示要为即将撤销的母亲营贡献自己的全部力量，做一名合格的毕业生。一个晚上，决心书、挑战书，沉甸甸地装在我的提兜里，就连我带的那本书都没法放进去了。印象最深的是营部的《请战书》，请求营党委把他们当作一个排使用，保证完成一个坑道头部伪装任务。最后落款是管理员：×××，医生：×××，保管员：×××，还有卫生员、通讯员……一连串签字。

"姥爷兵"也上工地，引起了强烈的、惊天动地的反响，"几个连队自然共同应战。不用说，我们工作组的同志早已分头在连队，一直跟随主任的我也被发配到连队去，跟随主任的，换成了王副营长和关主任手里那根上山做拐棍、检查质量作尺子用的木棍子。部队昼夜三班连轴转，几乎班班都能见到关主任，也不知道他和王副营长是在什么时间睡觉。我在那个连只要当班，每时每刻都不敢离开工地，我拿的那套工作服一直没去洗，它越脏越说明我一直在跟班干活。

22 天艰苦奋战，终于在 10 月 18 日竣工。这天，关主任来到我在的被复二连。我们正在连部帐篷里议论这 22 天是怎么干过来的，负责三排工作的八班长李晓光大胆地凑到关主任身边，说：“这下可算是受不着蹲山头挨冻的洋罪了。首长也算没白辛苦，给我们发了个好毕业证书。”接下去，他又趁其他干部在大声议论，小声地对主任说：“首长，我这个提不了干部的老兵有个请求想跟您说说。”

“说嘛！”关主任愉快地回答他。

“过去，我盼着工程营解散，好复员回家接父亲班，现在我想再到新单位重新干番事业……”后面的话还没都说出来，他见主任在微笑着点头，也就不再往下说了，就地起立，没戴帽子来了个举手礼，跑回排里去了。

热烈的议论顿时停了下来。一直坐在主任身旁的指导员说：“下山后的战士，如果都像李晓光这样，我们的工作就好做了。”一句话，带来好一阵子的沉默，大家都深感思想上的压力比完成施工任务还大。

“要是我们工作组不撤呢？”主任一句话解除了沉默。但有的同志思想上仍怀疑，已经都一个月了，不撤的话，还能待多长时间呢？

部队下山后，主任组织我们随同人员开了个会，明确提出工作重点由抓任务转移到抓整编上来，把工程营的干部战士全部送走，工作组才撤回。这个底儿交在营党委会上的时候，十几个人的小会响起了热烈的掌声。

伴随着整顿的军事训练、政治教育、一日生活制度……都在这个只剩一个半月时间生命力的工程营正正规规地开始了。

内务摆放，整齐划一，并非因为迎接检查评比；

队列番号，周山回响，并非因为只是人多；

群众观感，频频叫好，并非因为做几件好事。

究竟为什么？最全面、最深刻又最简短的回答，应该是被复二连那个老战士李晓光的一句话：“临要结束部队生活了，尝到了正规军人生活的滋味。”

是啊，这样的部队，哪里看得出是个就要散伙的整编单位？

一个领导者，对他下苦功亲手抓起来的单位都有种特殊的感情。关主任当起了“营政委”。每次回师开会，会议一结束，只要还能赶上火车，就算不吃饭他也要回营，我这个“随同”也“以营为家”了。

在工程营蹲点期间的最后一次回师开会，会议结束是12月30日，再过一天就是新年了。营里的同志想着关主任一定在新年过后2、3日才能回来。他们都想错了。关主任从兜里掏出50元钱对我交代：“后天是元旦，明天上午你用这50元钱买点新鲜菜和香槟饮料、扑克之类的娱乐用品，咱们下午坐火车带回营里去。”自己花钱买慰问品下部队同战士一起过节，这是关主任多年的老习惯，何况这次是在蹲点还未撤回、工程营面临撤销的特殊情况下。

过了新年，我们在工程营整整106天。坐了10年机关的我，这么长时间又是跨年度蹲点，还是头一回。回顾那106天，真觉得有太多太多难忘和值得纪念的闪光点。关主任带领我们与工程营的官兵们一起啃下了“硬骨头”，一次又一次地到偏僻小站，把一批又一批干部战士送向新的单位，送往回乡的列车。

蹲完了工程营，还没喘过气来，关主任又要下坦克团。这次的“中心工作”是抓干部的思想稳定。因为守备部队的干部安心问题是“老大难”，大都想早点转业脱离艰苦的环境。每年的干部转业工作刚一开始，有些人就开始撂挑子了。这个团更为严重，几件奇闻，一时传遍全师：

副政委李飞，未宣布转业名单就“罢工”一个多月。

一营长高德胜，为筹备搬家，到市场卖柴、卖鸡，做起了小买卖。

五连指导员房东辉，为使自己到地方找个好工作，回家“挖门子”两个月有余，至今未归。

……从上到下，能转业的不干了，转不了的也稀里糊涂地凑热闹，一时间，急得刚上任的赵政委一嘴白泡。别说头三脚，连一脚也难踢开呀！关主任一来，可是有了主心骨。

工作组到团的当天，关主任找李飞副政委足足谈了两个钟头。最后，李副政委主动要求在团党委会上做检查。第二天正好有个党委会，议题是研究年终工作总结。我陪关主任列席了这个会。

无故离开工作岗位的人，哪怕是两天、三天，在同志面前都会有种理亏之感。李副政委显得非常呆板地坐在那里，似乎一年的工作一点没干，他一言不发，连吸烟也反常了，只是一根一根地自己吸，不好意思扔给其他同志一根。

“老李谈谈想法。”关主任一句话为李副政委搭了台阶。李副政委把还没吸完的半截烟捏灭在烟灰盒上，说：“我没什么说的，要说，只能是跑题话。”主持会议的赵政委开玩笑地接上一句：“什么跑题不跑题的，广开言路嘛，老李怎么会跑题呢？”

李副政委接着说：“总结工作，要总结教训，找出存在的问题。我个人先一步，借今天会议的机会向大家做个检查。关主任跟我谈了，虽然没有严厉地批评，但我心里觉得比听了严厉的批评还难过。关主任说得好，不用高标准长尺子量，我们是军人，用军人站岗这个最起码的标准去检查，我是离了岗的。战士误岗还要在军人大会上检查，我身为领导干部就请求党组织给予严肃处理……”

党委会气氛顿时严肃起来，主持会议的赵政委也不知说啥才好。关主任一句话打破了沉默：“我提个建议：让李飞同志抓一抓全团干部的思想稳定工作吧，可能会有更好的效果。”李副政委接受了这个“以毒攻毒”和“戴罪立功”的任务。接着，赵政委对如何搞好年终总结和当前工作做了明确分工。

临宣布会议结束时，一营长高德胜说话了："我想说几句。"他刚开了个头，就被赵政委打断了："你到营党委会上再说吧，好不好？"高德胜点点头，散会了。

四天后，转业干部的名单公布。关主任与团领导商定，成立了转业干部领导小组。组长由已确定转业的李副政委担任，副组长是政治处马主任。李副政委真的拿出了"戴罪立功"的姿态，任职第二天就集中36名转业干部进行学习。他亲自起草了决心书，标题："在岗位上交岗，在岗位上带班"，经过大家讨论，这个标题作为转业干部的"准则"，后来，经关主任提议，决心书稍加修改，变成了向全师转业干部发出的倡议书。我被"准则"和倡议书的形成和内容感动了，想写篇稿子给报社，被主任一句话否了："这不是什么新鲜事，何况家丑不外扬。"

不论春夏秋冬，不论在机关或部队，关主任每天都是早晨五点起床，围着营区转一圈，再到野外跑跑步，这是他从当指导员时就养成的习惯。一天，因晚上加班整理调查材料，我睡过了点儿，被起床哨催醒，我跑出去一看，只见隐约是关主任，似动非动。三分钟、五分钟过去了，好像还在原来的位置上。我意识到发生了什么事，急忙跑过去。

关主任的右脚受伤了。他满头大汗，完全凭毅力一瘸一拐地往回挪动。我要背他，他不肯。让他坐下等我要车来接，他不让，说："那不好。"不知是怕影响不好，还是不活动不好。我的理解，两者兼有之。早饭后，团里几名领导都赶来看望关主任，卫生队长认真地为他做推拿处理。

"你们虽然来看我，但也要说说你们。"主任以温和的语气说起了事情的经过，"早晨，我跑步想去看看车场，在墙外看到里面木棒子、牛粪，什么都有，哪像个车场的样子？我找个墙豁牙子往下一跳，没想到右脚尖落在被雪覆盖的一块石头上，当时便坐在雪地上，试着爬了几次都起不来。等站起来后，右脚不敢沾地，单腿跳又跳不了，只能扶着围墙走出了车场。"

说到这儿，他自己笑了，又接着说下去："你们那个车场木棒倒是不少，可是没有我能用的，大的拿不动，小的一拄就弯，我正左右为难，小张跑去扶我挪回了屋。"

稍停片刻，主任把目光转向团长、政委，加重语气说："装甲兵出身的人知道，车场是坦克部队精神面貌和战斗力的象征；许光达（装甲兵司令）要是活着的话，非撤你们的职不可。"团长显得非常不自然，赵政委微笑着把话题转到了我身上："我们是失职的团长政委，你也是没尽到职责的秘书了？！"关主任却正经地说："他写东西昨晚夜战了，我清早没惊动他。"

我们都劝关主任回师医院治疗，并且张罗派车，硬是被主任否决了，还说下午去各营转一转。我了解关主任的脾气，他要办的事是不容许任何人讨价还价的，只好陪他坐着小车到各营转了一下午。当天晚上，还没发觉异常。第二天起床，关主任那条腿就不敢动了，脚脖子带得整个小腿都肿起来好粗，腿肚子下面还有好几处变成了紫红色。他不得不改了主意。临回师前，就在我们俩住的房间里，他把团长、政委还有李副政委找来，开了个小会，交代了部队建设上需要引起重视和解决的倾向性问题。最后，特意规定李副政委：每隔三天往师医院给他打一次电话，汇报转业干部的情况。

李副政委当即答应："好！你放心养病去吧！你人走了工作却没走，我们会按你所想所说的去做的。"我特别佩服李副政委这句话，对主任的工作姿态做了非常确切的概括，也可能只有处在李副政委那个角度才概括得出来。但是，后来的实践证明李副政委那句"人走工作不走"还不全面，要再加上一句"身体病休工作不停止"。

关主任住院手续办完后，我回科正常参加工作。第二天下午，医院滕医生来电话传达主任指示，叫我下班时到医院去一趟。撂下电话，我边下楼梯边琢磨什么事。关主任绝不会因病情找我，准又是交代什么工作。

不出所料。一进病室，关主任便对我说："听医护人员、住院人员反映，医院的问题不少，两个主官都摆架子等转业，医生护士的心也散了。除了我这个单人病房里的医护工作正常外，其他病室早已不正常了。据反映，有的问题还很严重。你们组织科不是抓整顿吗，咱俩就在这里整顿整顿。"

"主任，你刚入院，等腿好了再说吧。"我劝他。他却说："住院怕什么？搂草打兔子，一举两得！"我只好答应下来。

当天下午就展开了工作。我们先是调查研究，对医院所有医护人员都逐个谈话，还利用一个下午召开了病号座谈会。接着，在关主任的病室里，他躺在床上，我以床头柜为记录桌，组织医院所以上的干部，学习整顿了四个半天外加两个晚上。整顿结束时召开军人大会，关主任一只胳膊拄着拐棍，另一只胳膊搭在我肩上，亲自参加会议。他把那只受伤的腿搭在另一条凳子上，背靠着墙壁，讲了一个多小时的话，引起会场一阵阵掌声。

第九天下午，主任拄着拐杖出院了。离开时，他特意当着医院领导的面任我为联络员，任务是了解情况，抓整顿提高工作。为尽"联络员"的职责，我每两天就到医院去一次，把院领导的工作姿态、医护人员的医疗作风、伤病员的反映等，都一一调查清楚，向关主任汇报，一直持续了一个多月。

1981 年年底，白城守备区组建了，军级单位，机关干部在三个师中选调，我被选为秘书。

政治部主任刘同珍，是当年解放上海时露宿街头那个连队的指导员，他的右下脸颊仍留有一道深深的战斗中受伤的伤痕。我上任的第一件事是随从主任到八团八连抓典型总结经验。一次蹲在连队 108 天，总结形成用"热爱边疆、建设边疆、扎根边疆、保卫边疆"四边思想建设守备部队的经验和"军民联防落实战备、准备打仗"的做法，在全军叫响。秘书处职能之一是政治工作研究。守备区政委梁锡东带领我针对部队中团政委工作存在事务化和当时对大学生干部蔑视两种倾向，先后形成《团政委以主要精力做政治工作》《大学生干部优劣势探讨》两篇调研文章，很快在军区“政治工作通讯”上发表，并被评为优秀研讨成果，在部队中引起重视。

1983年年初，我被从正连职破格提拔到正营职，任守备区教导大队教导员，当年底又被提升为副团职，任负责政治理论教育和文化补习的副大队长。一年中连升三级，正连、正营、副团。1984年3月，我回到机关以副顶正任守备区政治部秘书处副处长，当时秘书比我早入伍两年，与老同志相配合，在连队任职时我已有体会：以“德”服人心，以“才”服工作，是获得领导权最根本的资格和最有效的方法。

◎ 时任秘书处副处长时，与秘书程剑生合影

◎ 重返索伦老团队任政委

1985年5月，“百万大裁军”开始，白城守备区撤销，我重返当兵之初驻守索伦镇的老团队内蒙古乌兰浩特索伦的守备三师炮兵团（简称索伦炮团）任炮兵团政委（正团），时年不满33岁。

团部依山傍水，绿树环绕，幽静宜人，洮儿河、查干河在团机关直属队前后流淌不息，“文明单位”“园林式营院”牌匾镶嵌在首长办公室大门上方。所辖三个营中的一三〇加农炮营，位于神山脚下的丰林，距团19公里；一二二榴弹炮营，位于白阿线上的乌墩，距团28公里；一三〇火箭炮营，位于将军石旁，距团12公里，构成每个营守备一方态势。各营所属连队，曾按照当年一颗原子弹不能杀伤一个营的要求分散部署，后来重建营房才相对集中，在全团转上一圈要花去整整一天。

◎ 任团政委时于团部门前

炮兵团过去一直是个基础较好的形象，曾被总政治部评为“文化团”，六七十年代一直是全师较好的团队。一段时期内部队走下坡路，出现了“马鞍型”。我上任前一年初，在守备区年终总结党委扩大会上，身高近一米九零分管部队行政管理工作的副司令员、解放战争中的全国战斗英雄申明和，最后讲话的时候三言两语后发起了火：“我从三师炮团知道三件奇闻：跑兵、偷牛、杀连长。跑兵不是一个两个，一跑一大串，有个连队三天跑了二十几个。指挥连几个宣布复员名单的老兵合伙把驻地老百姓的牛杀了。还有个连队官兵关系紧张，一个兵借站岗之机，用枪刺行凶，到连长宿舍刺杀连长七八刀，连长险些丧命。几个月时间里，发生这么多离奇的问题，还像个部队吗？炮兵团的团长、政委来了没有？站起来！”

师团主官和守备区首长机关都在。团长因事未到会，政委站了起来。

“你们团长、政委是怎么当的？把部队带成这个样子，不觉得良心有愧吗？这样的部队还能打仗吗！”

……

那天申副司令员对炮兵团的严厉批评持续了近 20 分钟，当话题转到讲评其他单位时，他才让炮兵团政委坐下。

在军队里，士兵喝酒闹事挺常见，但发生跑兵、偷牛、杀连长那三件大事与喝酒闹事相比，可就不一样了。

跑兵是怎么回事呢？那时候战士吃不了苦，因为守备部队一直在边防，又冷，伙食不像在家吃得那么应口，战士私自离队形成了一股风气。跑的多数都是新兵，新兵连训练时艰苦，就往家跑，一个连队三天跑了 27 个兵，震动很大。有的跑回家，有的跑到亲戚家，有的不回来，部队要及时跟家里联系，让家长赶紧往回送，因为当兵之后跑家再不回来，社会影响不好，家长也受不了。这个问题反映了部队管理有问题，部队管理严谨的话，怎么能有私自离队的机会呢？连下面有排，排下面有班，一个班就那么六七个人，有班长、副班长，有老兵，怎么能让战士跑呢？

偷杀老百姓的牛发生在年底老兵复员的时候。老兵复员领章帽徽摘下来之后，集中改善伙食，集中搞教育、学习，集中往家发送物品。集中没几天，因为和老兵没疏通好关系，出现了管理问题。正好驻地老百姓的牛在山坡上，老兵集中一起，晚上偷偷地把牛杀了，吃牛肉，改善伙食。老百姓的牛都是分产到户的，被军人杀了那还得了？不动群众一针一线，是军队纪律中三大纪律八项注意之一。

刺杀连长的事是这样的：连队一般每周晚上都要点几次名，点完名，连长集中说几个事，比如说需要注意的问题，等等。杀连长的这位战士有违纪现象被点名批评是非常正常的，但是估计说得过分或者语气上他接受不了，心里有了想法，要找连长谈，连长却不跟他谈，后来战士又找连长谈，连长还是不谈。这位战士就觉得连长是故意的，谈都不谈。连长就错在这里，像这种情况一般战士有问题，干部应该主动找其谈话才对，反过来战士找你谈，本身就不正常，相反你又不谈，错上加错，激化矛盾。这位战士越想越想不开，就利用晚间站岗的机会，把半自动步枪上的刺刀卸下来，去找连长。连长和副连长住在一个宿舍。连长刚查完岗，赶上凌晨的时候睡着了，这位战士进去就拿刺刀捅，没捅到要害部位，连长醒了。连长比这位战士高大，和战士扭打，战士就往外跑，连长在后面追。这位战士一回头又用刺刀捅到了连长的要害部位，连长倒下，然后这位战士又连着捅，一共捅了八刀，还真是万幸，连长被人送到团卫生队抢救过来了。这个战士因故意杀人，被判无期徒刑。这件事连长虽然受了伤害，但负有不可推卸的重大责任，出院后受到了记过处分。人生坎坷，有很多种经验教训，总结起来就是财富。连长吸取了教训，后来到机关当了战勤参谋，再后来又先后到武装部当部长，到预备役炮兵师当副师长。

团里上上下下对一年多前那段不光彩的历史，心里仍留有不同程度的阴影。组织派我接替离任的老政委去这个团当政委，我当时就想到了副司令员教训的场面，压力非常大。

我心里有个感触，通过那三件大事的分析，我认为主要是经常性的政治思想工作和管理工作不落实，暴露出了问题，官兵关系不融洽。刺杀连长是多么典型啊，为老兵服务让老兵走得恋恋不舍才行，怎么能让老兵犯错误走啊，得留下多大的遗憾！战士能多人私自离队，说明管理多么的松懈！班长是军中之父，新战士到部队，要让新战士感到比在家父母做得还周到。父母可能还会对儿子喝喝呼呼的，部队的干部得有耐心，要像兄长一样真正关心新兵，怎么能让新兵往家跑呢，做好了工作他也不想跑。我针对这三件事在全团要求人人都做思想工作，形成凝聚力，好多事都从主官抓起。我们特别注重首长机关深入基层为兵服务，老兵复员不让单独开伙，半个月20天内全连一起改善伙食，要老兵摘下领章帽徽后不离开所在的班，是班长还干班长的事，是副班长还干副班长的事。明天上火车，今天晚上再摘领章帽徽，向新战友交枪都要举行仪式，衣服可以不交留着纪念，这样让老兵有一种军队的自律感，自己尊重自己。后来老兵复员的时候，真是恋恋不舍。平时表现比较差的兵，相反那时表现更好。我每年送老兵走，都控制不住眼泪，老兵们也控制不住眼泪抱着我哭。

我去当团政委之前也有打兵现象，后来就严格规定，凡是新兵训练期间和下班之后，打兵、变相体罚兵，不管班长、副班长，不管什么干部，就地免职，从班长撤到战士，从干部撤到战士。当兵就像现在反腐一样，不想腐不敢腐才行，尤其是部队更应该这么铁腕。

◎ 我的两个决心

我刚从守备区机关到团里任职报到时，在师里同师长、政委谈话时曾表下这样两句话的决心："一手抓巩固，一手抓发展；争取团队建设上新台阶，争取把老团长送上去！"师长、政委听了，互相看了看，会心地笑了，说："我们相信，那也是你的老团队了。"

登上到团报到的列车，想到的是整整十年前我从这个母亲团队的政治处离开，坐着火车到师机关报到。十年后的今天，从一名干事变成一名政委，承负着自己那"两句话决心"的压力是沉重的。翻开办公桌上为新政委准备好的干部花名册，"一班人"中除了自己是1971年兵，其他都是60年代入伍的老同志，后勤处长都是1965年入伍的，从年龄上最大比我大八岁，最小的还比我大两岁；营干部中还有1963年入伍的老同志；连队主官中近三分之一是我的同龄人，甚至还有

1968 年、1969 年年入伍的。呈现在我面前的是再一次的新老配合，一如既往的老办法："以德服人心，以才施工作。"

身为政治委员、党委书记，"一班人"中的"班长"，对党组织负责去履行职责，我内心有一种最朴实的理解：首先，把与团长之间的关系当成组织上给搭配的"事业夫妻"，相辅相成，"一班人"都当作为我们正副班长两个人干；其次，让班子里的其他同志都这样想：全团官兵都为我们党委"一班人"在干；最终，我们共同把团队建设当日子去过，让上级党委放心，让基层官兵欢心。部队中公认连、团主官最不好当，经过几年实践，我却觉得：当团主官是最有滋有味的岗位。抓班子、用机关、带队伍，上下形成合力，相互形成比劲，分类指导，渐进发展，部队建设质量就会越来越提升，领导工作就会越干越轻松。

我脚踏实地坚持一线指挥部在一线工作；运用管理学中的能级原理，一级抓一级；把对上负责与对下负责一致起来；在研究工作中创造性地指导工作；各项工作坚持跟踪落实，求时效，重实绩；把竞争机制引用到基层建设方方面面，形成争先创优、优胜劣汰，争第一、夺红旗，比学赶帮超的浓厚氛围。一般的单位都不愿意接受上级的检查考核，炮兵团却渴望上级的检查考核，因为连队都愿意通过检查考核展示自己，团里也想在上级的检查考核中发现和暴露出问题，以求解决问题，再有新的提升。团队建设一年一个台阶，连年被评为先进，成为军区表彰的基层建设先进团、标兵团，荣立集体三等功、二等功。守备区先后在团召开军事、政工、后勤、装备工作现场会。

党委"一班人"总结过去曾经有过的失职、失禁、失败的教训，振奋精神，立下了"誓雪耻辱，重振团魂"的决心。在《标兵团足迹》报告文学中有这样的记述：善弈者谋势。军事训练是部队战斗力的直接来源，是部队平时工作的中心，也是带动基层建设竞赛创优的主要载体，因此要从训练抓起，提高素质；争先创优，竞赛比拼，从养成抓起，促管理，提升部队建设标准。

◎ 时任团政委与“一班人”合影

团党委提出在全团开展“百日争创基础训练先进连活动”后，训练场到处是官兵们龙腾虎跃的身姿。经过一年的艰苦奋斗，年底师总结表彰大会，炮兵团有八个连队跨入“基础训练先进连”行列，成功地打了翻身仗！

一连连续两年是基础训练先进连，以往每次全团比武，前两名准在他们名下，他们因此满足了。6月初，全团会操，团交给连队的任务是要拿下“三连冠”（这将是全师唯一的一个三连冠连队），但一连除连长岳和平拿了个指挥奖，其余剃了个光头，连个第三名都没有。

他们向后来居上的三连派出了暗探，埋下了“钉子”，看看对方究竟使了什么“绝招”，对比摸清自己的弱点。

连长岳和平、指导员李广尧自任“班长、副班长”，把全连体能弱、素质差的士兵组成了“拼博班”攻关，第一道难关便是他们自己。木马训练，岳和平这位身矮体胖，分量足有160斤的“班长”骑马了，“副班长”李广尧紧接着也骑了马。士兵们望着他们的“正、副班长”直摇头，这个班怎么带？

拉！岳和平命令士兵把背包绳系在他的腰上拉。李广尧向士兵立下军令状：“死也要倒在木马那边。”小腿骨折，卡出了两厘米长的血口子，他忍着巨痛，咬紧牙关，豆大的汗珠滚滚而下，继续跳……一次、十次、百次、千次……

凭着这种敢打硬拼精神，拼搏班攻克了器械关。连队在团五项体能比赛中，夺得了四项第一。

◎ 守备区，在团召开的现场会

一年一度的验收考核，是检验连队训练成绩的最后关口，平时训练再好，考核不合格——等于零。

大战迫在眉睫，指导员李广尧患胃下垂、胃窦炎等症，被医生强按着住了院；连长岳和平的母亲患乳腺癌住院，妻子患食道肿瘤要动手术。连长岳和平接到特急电报如坐针毡，嘴角起了一串小泡。团长命令他回家，他流着泪离开了连队。

在强大的对手面前，一连能不能达标，能不能保住“三连冠”，营、团领导焦急忧虑。

指导员李广尧摆脱护士的监控，偷偷逃回连队。他爱他的连队，他喜爱他英勇顽强的士兵，他要带着他们去夺魁，他要保住连队的荣誉和一连官兵的尊严。

他向营、团首长递交了军令状。“一连官兵整装待命，等待首长机关检查验收，等待未来战争的检阅。我们的誓言是：

甘洒热血，熔铸团魂。
苦练精兵，众志成城。
如果验收不合格，请求团党委撤销我政治指导员的职务。”

岳和平，“大战”前夜归来了。

“一连达标了，一连夺取了全师比武的第一名。”

连队沸腾了，全团沸腾了。连长岳和平、指导员李广尧双双立功，连队被守备区树为“基础训练标兵连”。

三连曾经连续九年未沾先进的边。看着一连一面又一面地往回捧奖状、锦旗，三连连长金玉双、指导员尚永孝拼搏向上的进取心被激发了，他俩向士兵发誓：“连队不先进，不休探亲假。”靠这种不甘落后的拼劲，连队年终跨入了先进行列。

三连的崛起，使二连受到强烈震动，他们暗下决心，与同住一栋楼的一连较上了劲。

11 月草黄雪白的时节，也是炮兵团操场最热烈较劲的时节。师考核基础训练先进连，决定抽考一连。以往考一连时，二连官兵在室内隔窗观望，而这次是考一连什么科目，二连就在自己操场上做什么科目。考核结束，二连连长郑天余、指导员姜春恒代表连队来到师考核组的首长面前，请求参加不要成绩的考核。师首长为他们的求战精神所感动，破例答应他们第二天参考，并表态：“如果你们进全师的前三名也算成绩。”连长、指导员高兴地跑回连队将这好消息转告了全连。

老天偏偏不作美，当天晚上下起了雨。营长、教导员也来到二连，让他们晚上开军人大会好好动员动员。指导员说：“营首长放心吧，我们全连官兵早就憋足了劲儿，让我们参考就是最好的动员了。下雨不是障碍，就是下刀子，也全当实战背景了。”第二天，雨仍未停，全连照常列起整齐的队伍站立在操场上等待考核。师考核组又一次被深深感动，开始了对二连这个特别增加连队的冒雨考核。跑五公里，因高低不平的土路上多有积水，官兵们为了快速通过，从水坑中跑过溅起一条条水箭，有的跑掉了鞋，光脚坚持到终点。结果，二连总分获得全师参考连队第一名。这样，唯独炮兵团有两个师的基础训练先进连。

火箭炮营五连，在团里一直处在中游状态。1987 年，连长邱礼才上任后发狠心：不能居中游了，要做出一等成绩，让连队跨入先进行列！他一年未休假，年终综合考评因五公里越野成绩差几分而未能成为先进连队。他并不服输，1988 年开始，连队叫响“连兴我荣，连衰我辱”的口号，在薄弱环节上下苦功夫，决心做出一鸣惊人的成绩。功夫不负有心人，他带领全连实现了自己的夙愿，参加师团两级共 35 次检查评比，连队拿了 27 个第一，开始有了锦旗、奖状，还有了 12000 元的家底儿，达到粮、钱双节，建起了荣誉室，装修了会议室，年终跨入了先进行列。在年终师组织的五公里越野训练考核中，指导员龙晓毛用连长邱礼才的一副对联做动员，上联：“大丈夫岂居人后”，下联：“好男儿志在夺魁”，横批：“破师纪录”！

官兵们的意志一旦融入战斗的群体中，集体荣誉感会成为他们朝着一个共同目标忘我拼搏的巨大精神力量。五公里越野考核开始了：五连以三列纵队队形开始，也以整齐的三列纵队队形结束，不同的是临近终点时，连长邱礼才在领头的位置打出了一面红旗，随着在最后收尾的指导员龙晓毛一声“五连全部到齐”！全连成绩 17 ' 40 "，打破了 19 ' 10 "的全师纪录！五连官兵抬举起了连长、指导员，高喊：“破纪录的目标实现了！新的纪录属于我们！”

年终，基础训练先进连考核，五连总分又列全师第一，连队荣立集体三等功，连长邱礼才、指导员龙晓毛也双双立功。连长邱礼才对我说：“政委，我们五连就是要当龙指导员领导下的一条‘龙’！”

榴弹炮四连，连长王俊华，是全团连队主官都佩服的管理经验丰富的老连长，他心里却有个琢磨不透的对手，即一直暗地里与他摽着干的本营三连连长王靖东。一次，我在四连蹲点，王俊华连长对我说：“王靖东比我晚入伍五年，年龄小我六岁，又瘦又小的，我这人高马大装下他绰绰有余。他当连长时间也不长，不知怎么搞的，好多事他都想在我的前面，落实在我前头，鬼点子多得很，我跟不上他，真是服了！有时间我陪政委去三连看看，最近连队又有很大变化。”

连与连间摽着干，学中超的势头，让人看着高兴。也正是这种势头，使部队的各项建设不断在“比”中提高标准，在“赛”中提升质量，基层全面建设持续上台阶、上档次，达到了我初始的设计目标。全团所有连队没有明显较弱的短板，都有各自的第一项目：一连正规化管理突出，二连两业生产占先，三连营区建设特点明显，四连官兵关系有经验，五连训练成绩保持先进，六连党支部建设成为典型，三营指挥连经常性思想工作活跃，团直属指挥连双拥共建有特色，导弹连装备管理正规，汽车连后勤管理全团样板。

团队上下形成了拼搏进取、争先创优的团队精神，正是这种光彩耀人的精神，凝结成“团魂”，影响着一茬又一茬的官兵，一代又一代传承。团队精神是过硬作风的展现，“团魂”是团队基础建设的根本。作为“一线指挥部”的团一级，在领导方法、领导艺术上主要体现在：善结合、破平衡、打硬仗。

善于把上级指示与基层实际结合抓落实，需要领导思想上必须确立起靠研究思考问题去指导各项工作，这样工作才有针对性、预见性、创造性、实效性。

守备区赋予我们团“炮兵快速反应实弹射击达标”任务，三年完成一个周期。按照上级要求，我们结合三个营不同炮种的实际，采取一年重点抓一个营带全团，结合快反训练促全面建设，形成抓一个营带两个营，抓快反训练达标促全面建设发展的局面。三年一个周期，全团实现了“炮兵快速反应实弹射击达标”，全面建设也上升了一个台阶。

一营一三〇加农炮营，三个连队实现基层建设先进连“满堂红”。老教导员郭维臣，因年龄和未经院校培训而列编外待转业，他没有急于离开岗位回老家联系工作，而是继续住在营里，为从指导员直接提起来的新任教导员传、帮、带，把自己多年工作体会、各类资料笔记都交给教导员，把每名干部的思想、家庭情况，甚至营里哪块地该种植什么都做了具体交代，被传为佳话。

◎ 与加农炮一营营连主官合影

二营一二二榴弹炮营，在圆满完成训练达标的同时，两个连队居住的破旧平房改造粉刷一新。三连新建了凉亭，四连筑起了长城式围墙，全营新增了“草原十景”。总部首长视察时，看到二营营区高兴地说：“山沟沟里建设成如此正规又高标准的部队，不容易，不简单！”离开二营时，他兴奋地挥笔题词“保卫边疆、建功立业”。

三营十九管火箭炮营，四个连队集中于将军石山下，炮场、训练场、足球场、篮球场、排球场、800 米跑道等多功能大操场，一展全营全面建设的风采。教导员韩洪俭，是 1964 年入伍的老同志，与师政委同年兵，他安心基层，家住团部家属院，坚持过周末制度，每周六晚饭前骑自行车回家，20 多里山路，到家已是满天星斗；周日连队晚点名前又出现在营区。转业离开部队那天，他面对送行的官兵，站立在火车门口向战友敬了最后一个军礼，直到列车徐徐开动、渐渐远去，那只施军礼的右手还举在额际……

1988 年初冬，守备区部队的炮兵专家、师团主官们齐聚索伦河谷。炮兵指挥部原定的“炮兵快速反应实弹射击达标现场会”被守备区首长改成了“守备区部队基层全面建设现场会”。与会人员参观了全团所有连队的各个角落，一片赞扬；团、营、连，司、政、后在会上做了“群体性”汇报，会场掌声一阵接一阵；最为精彩的炮兵群实弹射击按照快反达标要求打响，发射的所有炮弹百分之百进入目标区。

部队建设呈现平衡发展好形势后，打破平衡格局，均衡发展的局面，实现新的跃升，靠的还是团队精神与团魂凝聚起的巨大力量，勇于揭露矛盾，确立更高标准，激发持续争第一、扛红旗的争先创优的势头。

1989 年，师组织团、营、连三级干部集训，由一名团主官带队。其间有军事、管理、政工、后勤四方面 12 项评比竞赛。全师 4 个团、师直属队共 5 个团级单位。炮团我带队，任指导员，一营营长王连仁任连长。参训 27 名干部都怀有一个共同信念：不论多少项，争取项项拿冠军。

队列考核是步兵团的强项，任连长的一营营长王连仁，参加过国庆阅兵，他带领同志们以优制强，获得了指挥与操作总分第一名，实现了“开门红”。

拔河，一场力的角逐。我们的对手师直属队干部大块头多，身体素质上明显占优势，哨音一响，我们处于劣势，绳中心线离对方的边线只剩几厘米。我们不松懈、不服输，闷住一口气，再一厘米、一厘米地拽回来。终于，哨声响了，我们赢了！此时我方的地面上发现一个皮鞋跟，原来是一名干部新买的皮鞋跟被蹬掉了。

最终，集训评比的 12 项我们夺得 12 个第一，师直领队的直工科长开玩笑说：“炮兵团真是有第一就不要第二啊！”

1989年年底，师组织共同条令检考，让团指定一个连队。我与团长商量，团指挥连是编制人数最多的连队，前几年还有严重违反群众纪律的不光彩一页，决定检考团指挥连。师检考组领队李守发副师长（就是当年的作训科长）知道指挥连的管理在炮团算是较弱的，私下关切地询问我："行吗？政委同志，这可是一个连队代表全团啊！"我说："检验一下吧。"心想，没问题！检考结果：指挥连得分94.5分，是全师第一。李副师长跷起大拇指说："最差的连队都这样，炮兵团真是整体硬邦邦了！"

同年底，军区首长带领11个二级部长组成联合考核组，人人都是首长级，由守备区、师两级相关人员陪同，到团里为树立基层全面建设标兵团做考评鉴定。军区一个首长四大部的部长、副部长14人，军师对口陪同组成了近80人的大工作组考核我们团13个连队，一个连队一个连队地全面检考。

面对这样一个对部队基层各方面对口的庞大专家型考评队伍，我们仍然是从较差的团直属连队开始。越走，首长们考评的态度也越明朗。讲评时的评语是："一路越看越好！没想到在守备部队还能有这样一支团队，在很多方面超过了野战部队的典型单位！"

不久，军区表彰通令下来了。炮兵团成为军区首批树立的两个标兵团之一，是守备部队唯一的一个标兵团，荣立集体二等功！当时因为是军区的标兵团了，方方面面都非常正规、标准化，接续不断的便是迎接一批又一批兄弟团队参观见学。

团队精神、团队魂体现在部队作风上，就是雷厉风行，敢打硬仗，能打胜仗。在和平时期，没有战场，但大自然的突变，是军人的类似舞台。洮儿河决口，林场的山火，都是我任政委的时候遇到的。

1988年7月，团驻地索伦地区连降暴雨，百年不遇的大山洪像逃离久困牢笼的猛兽，直扑索伦镇，使平时静静的洮儿河泛滥决口。

紧急出动！全团官兵、职工、家属齐聚决口处，一道道人墙在急流中立起。经过一个多小时的奋战，缺口被封住了。接着，官兵们又和驻地群众一道连续奋战 25 个昼夜，在索伦河北岸筑起一道 2500 多米长的堤坝。当地人称它是“军民连心坝”。“没有炮团，就没有索伦。”这是索伦人民的心声。

1989 年 5 月，中央电视台报道了内蒙古蛤蟆沟林场大山火。被 1987 年大兴安岭大火惊扰过心灵的人们都期待着来自蛤蟆沟火区的消息。大兴安岭的山火我没有赶上，我去大兴安岭的时候，山火早就过去了。内蒙山火年年都有。因为在草原上放牧的人，走哪儿长了就坐哪儿休息，坐着吸烟，女同志吸烟的也特别多，吸烟扔烟头，就容易着火。

将军坝是火势最凶猛的地域。官兵们拼命阻截火头。打火的扫帚烧光了，脱下外衣扑打；衣服烧掉了，用身体滚压。7 个昼夜，扑灭 34 处火头，打出防火道 3 万多米，将军坝固若金汤。7 天后，大火被扑灭了。一颗颗悬着的心平静下来的时候，却很少有人知晓，正是炮兵团的数百名官兵一直搏斗在火场最前线。科右前旗李相平旗长激动地说：“炮兵团英勇善战，作风顽强，哪里有危险就出现在哪里，是火场上的天降神兵。”

水与火的考验，一次次使团队官兵们加温淬火，一代代形成了顽强的战斗作风。

不久，几个团又上山扑火，开始是团长带部队上去，连续干了四五天，我上去替团长那天的晚上，副师长李守发组织 5 个团的所有干部和党员组成敢死队，要迎着火头去打火。当时我刚上去，同李副师长说：“这肯定不行，扑火常识是追着火尾去扑火，不能鲁莽地迎着火头去扑火。”他说：“没办法，再不迎着头打不行了，你刚上来不了解情况。”我说：“副师长那对不起了，我炮兵团不能按你的想法办。”他说：“你怎么的，你想临阵脱逃？”我说：“你咋说都行。副师长，你怎么理解安全第一？这是和平时期，野外山火不涉及烧到村庄要救老百姓，为什么去蛮干？我只能带着炮兵团转移火场，到其他火场去打火。”离开不到20分钟，正在行军途中，碰着师长开车带人上来了。他一看我带人往下走就下了车。我跟师长说：“你来得太是时候了，用副师长的话说，我这是临阵脱逃，他现在正在上边组织那几个团干部和党员组成敢死队，迎着火头打火。”他说怎么能这样，师长上去制止后，几个步兵团追火尾围攻，我们团开赴火头前远处打防火道。把火头前方的树和草提前烧掉，火烧到时候，形成截断火源的效果，使火彻底扑灭了。

下山后，我们炮团驻地附近有军马场，各个团的团长政委，师长、副师长和师直机关一块吃饭，饭前，我对副师长说：“对不起，没执行你当时的指示。”他说：“得了德才，你千万别说了，如果没有你的反对，师长也不上来，我真带他们上去啊，弄不好死多少人还不知道呢，都是干部和党员啊！”说着，就和我拥抱在一起了。饭桌上我们喝庆功酒，他专门和我碰杯。后来，那几个团长和政委还对我说：“老张你真行，你也不怕处分？”我说：“我当时没想处分不处分，我就想着自己的部队、自己的干部战士，不能让他们去送死。”

◎ 人性化管理建设团队

由强烈的集体荣誉感而构成的团队精神难能可贵，将其延续下去，使争先创优保持不竭的发展中，再形成一套适应基层建设规律的科学领导方法，即运用“结合实际布置，适时检查考核、经常评比竞赛、及时讲评通报”四句话指导法的同时，还特别注重实施“人性化的管理法”，使部队争先创优的“比”劲健康发展，经久不衰。

一个时期，有的干部把休探亲假提前归队当作一种积极进步的砝码，甚至为了单位的争先创优怕影响工作而阻止家属临时来队休正常探亲假……一些本该享受的假期自行废止或缩短。我没把这些当成先进宣扬和提倡，而是当作违规现象去制止和批评。我说：“一年给你一次探亲假让你和你家人团聚，为什么提前归队？”从那以后，我就把它当成事，谁提前归队，我就批评谁。而且还根据实际情况变通性采取了相应的人性化的不成文措施，如：

家属在农村的干部由原一年只休一次假，30天，改为分两次休，一次20天，两次40天，多10天假。春季回家帮助种地，秋季帮助秋收，虽然多给了10天假，但是干部回到部队会拼命干，那劲头，别说10天，100天都能补回来。那种积极性是什么呢？是觉得要再干不好，就对不起组织了。

干部的家属临时来队，规定每年一次，一次一个月，我将其延长为不超过三个月，只要不影响正常工作，可以不出早操，睡睡懒觉，因为两地生活，聚少离多。我每次下连队也首先到临时来队家属宿舍看望他们。

◎ 与军人家属一起欢度八一建军节

为保证干部能正常休假，每年年初都对干部的休假列出计划，严格按计划休假，可串不可免。部队过年必须保证三分之二的连队干部在位，和战士在一起过年。有三分之一回家过年，今年这三分之一明年那三分之一，这样能保证干部三年回家过一次团圆年。

志愿兵按上级规定家属须在百公里外，团三个营虽都不足百公里，但已婚的志愿兵都是专业技术老骨干，数量多，作用好，我们团被军区表彰为“志愿兵工作先进单位”。为保证志愿兵安心部队工作，不但没有将他们夫妻分开很远，而且还利用整编后空闲家属房做了适当安排，实行周五晚上回家，周日晚上归队制度，不但没影响工作，相反更加调动了志愿兵的工作积极性。

守备部队驻地环境偏远，条件艰苦，家属随军因安排不了工作而不能随队，干部安心成了大问题，转业倒成了事实上的一种奖励。我们制定了这样一个规矩，想转业的不能混着、等着走，必须把工作做得更好才会得到组织上的照顾。有个不成文的规矩是：家里确有难以克服的困难，干部所在的单位成为先进单位，个人当年立三等功以上奖励才能得到如愿的照顾。

姜春恒，二连指导员，一对双胞胎孩子出生后给他和家人带来喜悦，可没过几个月，喜变成了忧，两个孩子被确诊为先天性脑瘫，拖累得妻子、母亲、岳母都不能上班。家庭、事业的双重负荷没有压垮他的意志，他仍然战斗在自己的工作岗位上。年底，连队夺得训练考核全师第一名，农副业生产收菜 17 万斤、获益 1.2 万元，

◎ 与当年任指导员的姜春恒

在全团夺冠，被评为基层建设先进连，他个人荣立了三等功。考虑姜春恒的特殊情况，当年立功，当年安排转业，满足了他及家人的心愿。

柏承智，1975 年入伍，同年兵还在副连职岗位时，他任营教导员已满三年，是团里的年轻干部，他所在的营三个连队都是先进连队，个人多次立功。但他家中老人年迈，身边无人照顾，家属婚后多年无小孩，有很多实际问题，尽人皆知。团党委考虑他的实际情况，认为需要满足他个人想转业的愿望，批准他转业。

田作明，家在沈阳市，爱人身体不佳，双方老人都需她一人照顾，上班带孩子，负担很重。他是从三营指挥连连长岗位上平调到当时全团人数最多、问题也最多的团直指挥连队改变后进的，不到两年，连队改变面貌，成为先进，他个人立了三等功，1988 年年底，如愿被安排转业。这年转业干部名单的七人中，有四人是当年立功的干部。大家从团党委的导向中明白了一个理儿：干好了不吃亏。

全团干部公认：团党委用人与群众心目中的人选总是一致的，提拔重用凭德才、看政绩，而不是论新老，排辈分，让干好的不白干，突出的破格提。

一连指导员郑波，大学生干部，个人素质突出，实际工作扎实，政治工作活跃，连续三年被评为优秀指导员，连队也都连年先进，被破格提拔为营教导员。

三连连长王靖东，带出标兵连队，个人被军区评为“军事训练连长标兵”，三营副营长位置空出后，跨营提拔他任副营长，几个比他任职时间长、兵龄老的连长照样服气。

一次，接师通知迎接总政治部副主任视察，要求准备不超过 20 分钟时间的当前工作情况汇报。我想到团里有两名退休老同志退休多年不能到位的问题，便只准备10分钟汇报简要工作情况，10分钟专题汇报两名老同志的移交难题：一名是后勤处原副处长，退休18年不能进干休所，儿子随之不能找对象拖至31岁，急瞎了这老父亲的眼睛。另一名是曾患精神病的干部，病情稳定后退休12年还在团里。首长边听边详细过问这两名老干部的具体情况，让秘书记了下来，当场表态回京后与国家民政部门协调，尽快解决。果然，当年两名老同志都被移交地方进了干休所。

干部的实际问题要解决，战士同样不例外。凡是亲人去世、家庭纠纷等突发情况，不但保证他们能够及时回家，而且还要派干部陪同一起回去协调家人与地方组织处理。

人性化的工作方法，激发出官兵内心自发的积极性，引领部队保持发展的不竭动力。

1989年，部队精简调整时，守备六师的一个建制连调整到我们团的二营来，当时正值冬季，没有多余营房，怎么办？只能利用营区北侧山沟里的弹药库房。四连主动要求住进没有取暖设备的弹药库，并表示一根钉子、一把扫帚都不动地腾出营房给新来的连队。说到做到，四连官兵在冰冷的库房里搭建地火龙、大通铺，在山沟里找水源打水井……感动得新调来连队的连长、指导员一起到团里为四连请功。

结合部队每年带规律性的任务转换，团党委立下了每季度讲评干部制度。每次讲评干部的前一天，先组织营、连主官逐个连队地参观见学。这种做法被干部们称为“实地对照检查、直观取长补短”。是的，这样做，对每个营、连实际所起到的作用是不讲评的讲评，哪个方面落后了，一清二楚，这次落后的项目下次还落后行吗？不用团里再去说，下个季度再看，保证超过去了。

就在每季度一次的营、连主官对检后的晚上，在不允许喝酒的规定下，团领导破例地陪同基层主官喝顿“慰劳酒”，并且是不限量，让他们敞开地乐和、放松、解乏……基层部队的主官们聚到一起喝酒，在他们中间，我们也不再是团长、政委了。那场合，那心情，当过团长、政委、连长、指导员的人都会知道！

◎ 在全团连以上干部大会上讲评干部

◎ 严抓打麻将整顿风气

人性管理、导向引领，不等于回避矛盾，遮掩问题，照顾面子，无原则。一个团小的八九百人，大的1200人，确实不好带，关键是把导向弄好，形成良好的风气。一个部队的风气直接关系到战斗力，风气就是战斗力。

当过兵的人念念不忘部队生活，因为军队是培养人格、纠正恶习的地方。部队也是个大社会，1985年，我刚到职时有人反映家属院、卫生队、锅炉房、连队临时来队家属宿舍，时常有干部夜间偷着打麻将，这种风气必须刹住。与以前发生的跑兵、偷牛、杀连长三件事相联系，干部打麻将大半宿，有的甚至通宵，第二天白天没有精神头去抓连队，兵谁管？哪能不出问题！

我抓打麻将是下了狠茬的，军营里面绝对不允许有赌博行为。在进行教育的基础上，我亲自带机关同志去抓，采取夜袭、杀回马枪等办法，抓住便严肃处理，没收全部赌资并给予相应处分，不管是谁，很快刹住了这股歪风。

有个和我同年入伍的干部，我当团政委时，他是股长，家属随军，晚上偷摸在家玩麻将，家属不赞成，只能吵架生气。我去抓了之后，家属高兴极了，说："政委，你这一抓，再也没人来我家玩了！"

卫生队长是与我同年入伍的老乡，家在沈阳，独自在团，晚上有人找他玩一玩，团里禁止后，就主动撤销了卫生队的麻将场子。一名医生后来到团直属连队的临时来队家属宿舍里玩，被抓时光着脚站在水泥地面上，两条腿直哆嗦，从此不敢再玩。汽车连一名干部第二次被抓时，表示以后再玩，自己剁掉一根手指。麻将之风很快在全团得到遏制。

◎ 注重思想作风建设

部队的思想作风影响力是至关重要的，我注重典型问题典型处理，一般问题从头头抓起。

有个副团职干部，因为小农意识较重，群众口碑一直不好，甚至做出把别人送给他的白条鸡、烟、酒、鸡蛋等礼品卖给连队炊事班的事，影响极坏，我在谈话严肃批评的同时，当年年底就安排了他转业。

一名在海滨城市找对象成婚的干部，婚后对农村的父母不尽孝，老父亲到团里向我述说苦衷，影响很坏。不尽孝是道德品质问题，原则上用部队的纪律是约束不到的。因那名干部外出不在，我当即让财务股提前支出这名干部三个月工资给他老父亲，在他有望提升的情况下，年底安排转业回家。

有一个干部，1968 年入伍，比我早 3 年，我当政委，他是副连级。在没当兵前就与一个同村的姑娘建立了恋爱关系，但他当了干部之后，就回家提出分手，要甩掉他相处共 8 年的农村籍未婚妻。一个农村姑娘，从 20 岁开始和他处对象，都公开了关系，他们家的活都帮着去干，大好的青春都付出了。我也是农村长大的，骨子里最反对这种行为，提干后不可以瞧不起人，不要人家。那名干部在去乌兰浩特市公出时结识了一个女人，发展为男女朋友，未婚妻发现他变心，就直接找到团里。政治处主任反映了这件事，我说要核实清楚，也别光听一面之词，要亲自找他谈。营里教导员就找他谈，一调查，他承认了。我说："行，现在让他到团里来，我亲自跟他谈。"我跟他说："你比我早当 3 年兵，我虽然是你的政委，但你是老同志。我听了你这个事情，调查核实你本人也承认了，你知道后果吗？你带来的影响，不仅仅是对你未婚妻的伤害，你在乌兰浩特当地利用外出的机会找了对象，脚踩两只船，给部队造成很坏的影响。让地方知道部队的干部有这样的人影响是什么？你想想这样的后果。给你一个选择，要么你抓紧和未婚妻恢复关系，要么脱掉军装。你别着急表态，给你三天时间，回去好好想想。"我给了他一个纠正错误的机会。

第二天，这个副连长没敢直接找我，就跟教导员说，乌兰浩特的女朋友已经分不了手了，只能自己脱军装了。可能已经同居了，他不敢说出来，那时候未婚同居可不是小事，本来他的军事专业素质很好，因抓反面典型，对其做了相应处分并转业处理。他的未婚妻也接受了，虽然处了 8 年很有感情，但这么处理她也出了气，临走前她还专门到团里感谢，说给我们添麻烦了。

我的一名公务员当兵前处了个对象，比他大一岁，在农村也是大姑娘了。一次来部队探望，白城转车没再上火车直接跑到我家，那时我两地生活，家属领着孩子在吉林白城，我在内蒙古索伦，相距 122 公里，两个省。姑娘到我家跟我家属直哭，说他变心了，不要她了。我家属就给我打电话，我说你给稳定好，跟她唠嗑出去转转，别出问题。

首长办公室那套房，我与公务员各住一屋，中间是常委会议室，每天晚上我看新闻联播，他陪我。那天我一边看电视一边问他："你什么时候结婚呢？"他脸就红了，说还没想这事。我说："你是没想，还是想不要人家了？"见我知道了内情，他脸马上红了，从沙发上站了起来。我说："你站起来干啥，坐下坐下。"他说："我觉得不太合适，想分手。"我说："为什么分手？你处好几年了，才觉得不合适？你是不是瞧不起人家？你当兵了，眼光高了，怎么？"他说不是那回事。我说："现在就让你复员回家，你还重新找吗？你说她咋不合适吧？你实实在在说，究竟是什么问题，如果真有问题，我帮助你和她分手。"他说姑娘性格不好。我说："性格不好的具体问题你给我说，因为要是性格不合适也不行，硬往一块掐也过不到一块去，一辈子的事。"他就说："开始头两年还行，经常上我们家帮我妈干活，现在不去了。"我说："这叫什么性格不好，人大姑娘好意思总去啊？开始想跟你处好，表现表现，上你家干活去。现在你们俩的程度反正挺稳固了，人家可能就不去了，或者说有事没时间去了，都有可能。这叫啥性格不好，又没跟你家人吵架。你妈说什么了吗？"他说没说啥，和家里没啥关系。我说："没关系就算了。人家来了，现在就在我家，在白城呢。咱本身就是农村孩子，都是农村长大的，你不能瞧不起农村人。你当兵之初是什么样，身份变了，心不能变。怎么样，不行的话结婚吧，这回正好来了。你想一想，我给你点时间，明天中午 12 点你给我信儿，完了让你女朋友来部队，给你操办婚礼。"他想了想，第二天早上找我，说让她来吧，问筹备婚礼咋筹备，我说部队结婚太简单了，有喜糖就行了。这样就在部队办了婚礼。后来又让他学开车有了点儿技术，留在汽车连。他因在领导身边工作过的特殊心理，开始从不同形式上表现出来了。连长又认为他是首长警卫员出身，对他另眼看待，以更高的标准去要求他，两人有了矛盾。连长是朝鲜族人。有一天军民共建时在地方搞活动后喝酒喝多了回来，就批评他，说他“小白脸”什么什么的，发生了顶撞现象，连长火了，拿着菜刀追他到了团长家，团长外出不在家。团长家属敲窗户找我，喊：“政委啊不好了，汽车连长拿菜刀跑我家去了！”我马上与后勤处长去团长家，把喝多了酒闹事的连长关了禁闭，第二天分别做了相应的处理。

没多长时间到年底，临近春节，那名公务员正常复员。因为我儿子比他小五六岁，和他关系很好，复员离队时两个人都恋恋不舍地流着眼泪告别。那名公务员的小家庭一直很幸福，年年春节都电话给我和家属拜年。

我的搭档团长大我六岁，早入伍三年，从小没有父母，由叔叔养大，他当兵时，叔叔还健在，每年过年我都让他回家，因为两个主官必须有一个在部队。我们俩在一起搭伙五年，我在部队过了五年春节。

◎ 接受连队干部报告

我每年最少在连队蹲点三到四个月。每次半个月一个营三个连队，我都要待几天，整天和战士干部在一块，全团副班长以上的官兵我都认识。领导干部把架子放下来，才能掌握真实情况。双休日和战士们一块打打牌，寓教于乐，摔起牌来都一样，战士们放松了，不当你是官，有什么话都说出来了。表面上是玩牌，其实无时无刻不在工作，了解实情。当然，也不能因为人家说了心里话，就当成是一个人有问题。就问题抓问题的工作总是被动的，治标不治本。工作要有针对性，主动做到前面去，防患于未然，才不会出问题，才不会老跟在后面擦屁股做被动的工作。

思想作风代表着一支部队的风范。我们炮兵团与一个守备团同住在一个镇区域内，官兵的精神风范有明显的区别，上级首长机关同志说，炮兵团的官兵看得出来。

◎ 涌现出很多典型

团一级发挥一线指挥部作用，离不开典型指导，抓好一个典型，树起一面旗帜，对推动基层建设有着样板导向作用。全团三个营十个连队各有特色：

一营，正规化建设突出；二营，教育训练优胜；三营，政治工作活跃。

一连，管理教育标兵；二连，两业生产突出；三连，教育训练标兵连；四连，文体活动全师有名；五连，官兵关系融洽成为典型；六连，党支部建设介绍经验；三营指挥连，贯彻共同条例先进；团直属导弹连，培养军地两用人才的典型；团指挥连，军民共建先进单位；汽车连，后勤建设先进样板。

我任团政委的几年间，团队涌现出一批干部、战士、家属先进典型，形成了一个典型群体。有 6 名营职干部先后提升到团职岗位。团党委被沈阳军区表彰为先进团党委；司令部、政治处、后勤处连年被上级评为先进部、处；团被军区树为基层建设先进团、标兵团，荣立集体三等功、二等功；荣誉室墙壁挂满了锦旗、奖状，还有八一电影制片厂拍摄的反映炮兵团政治思想工作主题的故事片《索伦河谷的枪声》；守备区先后在团召开的军事、政工、后勤工作现场会录制光盘；我利用业余时间撰写的有“团队经验、机关工作、营级作用、连队建设、典型人物、调研文章”共六编，近百万字，反映团队面貌的《索伦河谷的风采》；利用在院校学习时的业余时间撰写的全面总结基层建设规律，分有 14 章，20 万字的《一线指挥部与基层建设纵横》共两本书、《炮兵团团歌》……构成一个人称为内容丰富、典型化、立体化荣的誉室。

◎ 时任团政委在团荣誉室里

团队涌现一批被上级表彰的典型人物：

发扬艰苦创业精神，当好基层建设带头人的团长刘朝庆；

踏踏实实干平凡事，默默无闻的当名人、团队第一代创业人，与三任营长搭过班子的教导员韩洪俭；

把满腔爱献给战士的基层干部标兵，胸前佩戴满怀奖章参加国庆观礼的英模代表，二等功荣立者营长岳和平；

靠自身高素质带出过硬连队，被军区树为优秀连长标兵的王靖东；

最佳学生官，优秀党支部书记、政治教员，指导员标兵郑波；

努力做雷锋式战士，受军区表彰的学雷锋银质奖章获得者，志愿兵标兵周志立；

种菜大王，二等功荣立者，义务兵标兵金彦军；

弘扬雷锋精神的传人，指导员标兵李广尧；

带兵严、爱兵深、管兵细的连长标兵邱礼才；

号称“测地通、铁汉子”的优秀参谋李友光；

优秀四会教练员标兵，参加国庆阅兵，人称“国脚”“铁脚”的营长王连仁；

参加中越自卫反击作战，守备区表彰的机关干部标兵刘红民；

任连长三年，连队三年荣立二等功的基层干部标兵高文君；

创建学雷锋小组，军地产生巨大影响，事迹被军、地报刊登载的学雷锋标兵陈振；

被军区表彰为部队卫生战线先进个人的李保东；

孝敬婆母，承担全部家务，身患脑癌默忍头痛不让丈夫在部队分心，将自己生命与国防绿融为一色的连长金玉双妻子王玉芹；

身患多病，做过四次手术，身高 1.7 米体重不到百斤，因没房先后住娘家、二哥家水泥地、3 平方米的煤屋，无怨无悔支持丈夫安心部队工作的二等功臣岳和平的妻子方红艳；

共和国最高学府的高才生，清华大学毕业，留在首都北京被分配到国家水电部工作，为支持丈夫安心戍边，心甘情愿放弃京城都市优越环境和国家机关工作的优厚待遇，随军到内蒙古科尔沁草原边陲安家的教导员张绍威妻子张凤霞；

……

一批先进典型的事迹和精神，载入了团队的史册，激励着一茬一茬的后来人。

团长刘朝庆，先后被评为军区表彰的优秀党员、先进领导干部、抓基层先进团主官、优秀指挥员，连续荣立三等功、二等功，我与他搭班子五年，每年他头上都戴有光环，每次都是我亲自为他写事迹材料。守备区政委亲自来到团里与我谈话说：“本该你与团长同时提拔的，考虑保持先进单位的连续性需要留下来一名主官，你比团长年轻六岁，委屈你了！有什么想法吗？”我回答：“我的想法就是把老团长送上去，把团队建设搞上去。”

老团长离任，参谋长接任团长，团队建设稳步发展，各项工作仍保持先进水平。把这个典型单位在我手里继续巩固、发展下去，是上级首长信任我，既觉得很荣耀，又有一种成就感。接下来，我研究团以下机关部队各项工作带规律性的东西，分别形成有操作性、季节性、实效性的规范化落实工作方法，使本来最难干的团主官岗位，越干越轻松，觉得有滋味，挺潇洒，很过瘾。每当参加师党委会或为上级来团首长汇报工作，我从来不用机关准备稿子，就按我做的列个纲目在本上，这样说，他们都觉得有声有色。

1991 年，团被守备区评为全面建设先进团，团党委被沈阳军区表彰为先进团党委，我个人被军区表彰为先进主官，荣立三等功。1990 年，刘团长提升为师参谋长，圆了我当初所表决心“把老团长送上去的‘梦’”。

◎ 搞好两业

部队驻地环境艰苦，把连队生活搞好，要抓两业生产：养殖业，种植业。连队自己种菜养猪，通过大棚、暖窖实现了冬菜夏种，南菜北种，洋菜中种，山菜家种，搞出了 60 多个品种，培养了几代种菜大王。种菜大王戴洪华，将南瓜和黄瓜嫁接，长出来的南瓜个特别大，达 20 多公斤，都送到军事博物馆了。种大棚得研究各种蔬菜的生长规律，肥料、温度、湿度，是一门手艺，复员回去有一技之长。种菜的这些人转业后，都成了专业人才。

汽车连担负保障性任务，常年处于高度分散状态，连队争先创优信心不足。我蹲点到连队，针对汽车分队作风散漫、军容军姿的问题，组织官兵开展“同样是军人，要有同样的仪表；同样叫连队，要有同样的作风”的讨论，并摆连队的优势，找自己的“全团之最”项目。我发现他们的后勤工作很有特色，连队编制人员比炮兵连少很多，但菜窖里的储菜、咸菜缸，猪圈里养的猪不比其他连队少，有的甚至又多又好。一天三顿饭，每顿除了几个炒、炖菜外，上桌的咸菜都变成了二次深加工的小菜，很有味道，并且一天三顿不重样，有的甚至很上档次。炊事班的副食仓库里，除了米、面袋摆放得整整齐齐之外，一面墙的架子上，上、中、下三排整齐一致，贴有标签的二次加工的三十个小菜坛子简直是一景。打开坛子都有不同的扑鼻香，除了当地有的菜类，还有朝鲜族辣白菜、川式泡菜，从索伦河打捞腌制的小咸鱼、河虾……怪不得营里下连队的同志到团里都愿意去他们连吃饭。

总结汽车连后勤管理的经验，在全团推广。过去是连办伙食，以连为基础，后来就变成一个团或者一个旅，一个旅下面六个营，一个团下面三个营，办一个大食堂。加工的主副食到开饭点就送到连队食堂去，全团吃的都是一个样。

由营办伙食到全团办，全团一般是一千人左右，不是配备几个厨师，是建立服务中心专门研究种菜做菜做饭，有专门人员。同样的白面大米，同样的菜和肉，伙食好了但总是一个做法，鱼和鸡战士都不爱吃了，需要做出花样来，视觉感觉好，色香味俱全就有食欲，不然体力不行，训练跟不上。在烹调技术上加强，不仅仅是把饭菜做好做熟让人吃饱就行，还要在保证吃饱的情况下吃好。

政工干部不光是做思想工作，后勤保障也要做好，战士一入伍，就要有当爹当妈的感觉。严格训练严格要求，但在生活上一定要保障好、照顾好，让他不想家。要让他比在家吃得好，吃的花样多。家长来了，被领着去连队食堂转，去菜窖里看就放心一大半。全团实现了冬储菜架子化，成排的咸菜缸二三十种，食堂里面，咸菜加工进入小坛，放上调味品，还有小咸鱼、咸鸭蛋，特别丰富，每日上餐桌不重样。主食米饭、馒头、花卷，每天不重复，主菜一顿四到六个菜，每周要会餐。

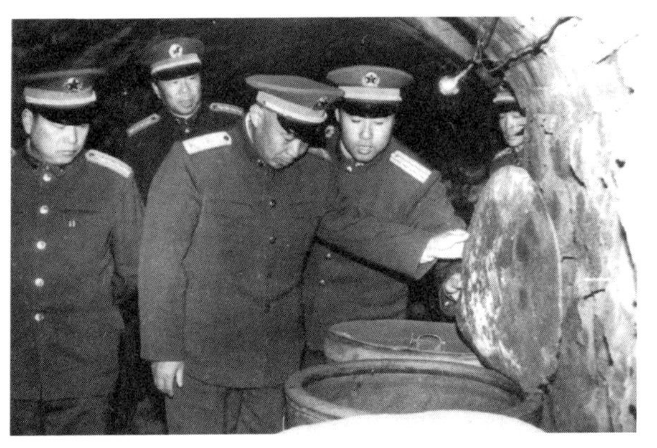

◎ 陪同将军检查连队菜窖里腌制的二三十种咸菜

◎ 电影《索伦河谷的枪声》

这部故事影片是八一电影制片厂根据我当报道员时老组长刘兆林的中篇同名小说改编，在我刚回团任政委时在团拍摄的，主题思想是做经常性思想工作的内容，很有意义，非常感人。讲述当地一个寡妇带着孩子过日子，相当艰难，有个喂猪的战士在连队三餐之外有一些空闲时间，就帮寡妇家做活，帮着劈劈柴什么的。寡妇门前是非多，有了闲言碎语，委屈了这个战士。指导员了解了情况，向大家说明。寡妇家有只野生的狍子崽，从小养到大，寡妇娘俩为了感谢这个战士，找猎人把狍子打死了，把肉送给了部队。

政治思想工作就是人的工作，就是人的思想工作。部队的战斗力来源于人心凝聚，战士不管是家庭问题还是和战友的关系问题，或者工作上的问题，一定要耐心细致地帮助解决。思想政治工作能从根本上解决问题。一个指导员，大量的工作就是要做好经常性的思想工作。

◎《索伦河谷的枪声》剧照

刘兆林，是1968年兵，比我早入伍3年，1985年拍《索伦河谷的枪声》电影的时候，正好我从军机关又回到这个团当政委。军政治部主任刘同珍，是解放上海的时候为了不影响群众休息，天没亮时进城，头枕马路牙子即“夜宿街头”的故事原型。他原来是总政治部干部部的办公室主任，八一电影制片厂也是他的老部下单位，他交代我去当政委，首先必须完成好这个政治任务。我回到团的第一件事就是负责接待电影拍摄。当时规定生活标准是每一顿不少于两样主食，不少于8个菜，每天的晚餐必须有酒。那时候也没啥，条件很艰苦，这部影片拍摄费用一共40万元，只是预算，他们省了起码一半。完全是我们无偿地支持他们。吃住，所用的车、武器和人物，涉及群众演员，一律免费，开销非常大。

这部片子实地采景，获得了优秀影片奖、优秀编剧奖，我将此片录制光盘，连同我任团政委七年时间里，军以上单位开的方方面面的现场会的录相照片，得到的军区以上奖励的锦

◎《索伦河谷的枪声》剧照

旗、奖状一起收藏在我的书房内，触景生情，常勾起我当年辉煌的记忆，很是珍贵。

◎ 解散老团队依依不舍

1992 年 7 月，师党委会上传达上级两个命令：一个是部队精简整编，撤销守备部队；一个是提升我任某部政治部主任。回团的车上，想到经营近八年的团队就要撤销了，我心如刀绞；想到拼搏进取创造标兵团的官兵们就要交流、转业、复员，唯独自己提拔起来，我悲喜交加。

在全团排以上干部大会上宣读上级撤销守备部队命令时，我无论如何也宣读不下去。老团队面临着解散，干部战士少数交流，多数都转业复员回家，太残忍了。我总觉得，这个团队的成果是全团官兵一代一代干起来的。干出来之后，一下子都解散了，把我提起来，好像是上战场一连的人全牺牲了，只把我剩下了，还要到庆功会上领奖。我控制不住自己的情绪，趴在主席台的桌子上，流下了泪水。我强忍着没有哭出声来，台下的干部们却有不少哭出了声。

军区首长到团里听取部队撤销前的情况汇报，我再三请求首长："能否保留这个守备部队中唯一的标兵团队？"

首长说："军区党委也想到了这一点，可整体撤销守备部队是军委的命令。"

我又请求："那能否留下一个建制连队作为标兵团的'根'交流到其他部队呢？"

首长说："你的心情可以理解，但执行命令是不能打半点折扣的。"

我无话可说，再一次流下了眼泪。心想，索伦河谷的炮兵团真的保不住了，但留下并永久铭刻在心里的是官兵们那创造标兵团的深深足迹！

作为团党委“一班人”的“班长”，送走交流、转业、复员的官兵后，最后我同团领导“一班人”一起，带着准备好的花圈和祭品，来到团队多年来因执行战备、军事演习等任务而牺牲、病故的战友集中埋葬驻地，被我们当作“编外第四营”的墓地，向长眠于索伦河谷的“四营”战友告别。我们站成一列横队向那座座坟茔敬告别军礼，久久不愿放下。我心里默默地想，这不是永别的不能再来，无论走到哪里，我一定要再回来看望作为团队的“根”与“魂”而永久留在这里的他们。自那次特殊的告别之后，我又先后三次专程重返故地，去那块坟茔告慰已故战友；三次看望虽杂草丛生但绿松满院、房瓦无失、高杨遮天的团部大院；三次看望仍然居住在团家属院里开设家庭诊室的 1963 年入伍的退休老军医郎医生，留在当地的老军工刘师傅；三次看望将军石山下利用三营营房办粉条、饲料加工厂，于驻地安家的志愿兵陈正海；三次看望交流到野战部队的老团队战友。

曾有人不理解地问道：“你们老政委怎么一次一次总来，是不是找你们有什么事啊？”

“没事！纯属感情深厚。”

职级不是差距，距离不是障碍。我还与老团队一名干部专程到吉林省公主岭市荣誉院，看望那里在我到团任政委前就已经复员的一名伤残战士崔维烈。他 1975 年入伍，一次在汽车上过门洞时头部被门洞撞击造成高位截瘫，因公致残来到荣誉院，后来一位好心姑娘情愿一生陪伴他，两人结婚并生有一女。我专程去看望、慰问他们一家三口，中午特意请他一家去饭店吃饭，临走时，抱着他们的

◎ 看望伤残老战士时与伤残老战士女儿合影

小女儿合影留念。前不久，听与我同去荣誉院那名战友说，崔维烈的女儿即我怀抱照相的女孩已经结婚了。老夫妻俩仍然在那个荣誉院，生活得很好。

我与炮兵团的情结，如汇集金朝所筑、号称万里长城第二的军事防御工程“金界壕”，纪念抗日战争中牺牲烈士的“将士碑”、“将军石”、“编外第四营”等故事所拍摄的故事片《索伦河谷的枪声》主题曲所唱：“索伦河哟，流不断，河水蜿蜒多少情……”

在部队撤销那年的年底，没满服役期，三分之一交流到野战部队的官兵们传来了好消息，在某集团军组织的军事比武竞赛中，个人成绩排在前十名的名单中，有九名是从我的老部队交流过去的，这令人骄傲和自豪的事实证明，老部队那种拼搏进取、争先创优的团队精神永存！

我换了 5 个军级单位搬了 9 次家，家属积劳成疾，先后患过脑出血、脑出血，在沈阳军区总医院住院时，我谁也没告诉，但是部队有知道的一传两、两传三传开了，战友们从大连、长春、哈尔滨、牡丹江、绥化、佳木斯……各地跑到总院去看。到现在为止，我当团政委那些干部都跟我保持联系。我退休 9 年，离开牡丹江 12 年了，当年的管理员高卫国，年年寄 200 斤响水大米；当年的连队班长蔡留宝复员后成了个体老板，自己家养猪，种粮食，纯绿色食品，直到 2016 年春节还给我寄猪肉、玉米面、面条、玉米等好几样东西，一大木头箱子，快递特意弄了三轮车送到我家。给我开车的司机家在四川奉节，自己家做的腊肠、熏肉年年邮。我有个公务员家在安徽，年年新茶一下来就寄。我的内弟说："我挺佩服你的，离开部队都多少年了，原来单位和后来的好几个单位的人都给你寄这寄那的，老不断，这也看出来你做的是人不是官。"做官一时，为人一世。

当领导，不管哪级领导，人性化人情一定要有。这种淳朴的感情靠人格、为人去维系。习总书记讲密切联系群众，毛主席讲的是群众路线教育。不管当多大官，要为人民服务，不是让你当官就作威作福。一面抓反腐，一面搞群众路线教育，就是要让我们党真正成为老百姓的党。雷锋是毛泽东时代树立的为人民服务的典型。向雷锋同志学习成为几代人的行动。

现在辽宁省盘锦市任信访办主任的陈振，我当团政委时，他是连队的战士，学雷锋小组组长，后来作为优秀士兵送军校培养，军校毕业以后成为干部。我们好多年没有联系了，后来他知道我电话，春节到北京看我，得知他正在抓家庭化的学雷锋，培养孩子从小就有雷锋精神，做好人做好事。我和家属我们三个人在家，吃饭之前，他一下子跪在餐桌前，说："过年我得给您磕个头。"中国人的情感表达非常纯朴，上跪天下跪地中间跪父母。他说："怎么敬重您都不觉得过分。"他回去没几天，电视台采访他，他就讲他是怎么样成长起来的，记者让他选几个典型人物谈他的成长轨迹，他推荐我。接到记者打来的电话，我当时说了很多——陈振是标兵团典型群体中的一员，是新时代沿着雷锋足迹持之以恒走着的“活雷锋”，坚信他会走得更远、更远……

◎ 追踪800万元“黄豆案”及善后工作

部队撤销后我因留守任师善后办政委，不能到新单位报到。与我有缘的善后办主任，正是我们当年共同随同关主任在守备七团打翻身仗，后来又一起扑灭山火的原副师长李守发。他是1963年入伍的老同志，曾任作训科长、团长，军事素质优秀，曾在抓队列训练时创造出各种步伐的“分步练习法”。他因执着、韧劲突出的个性，外号“李大傻子”。他很有阳刚之气，是非常典型的中国军人。我们两个人搭班子负责撤销后的善后工作，包括原师本级遗留的问题，以及四个团善后办的收尾工作。负责把涉案金额800多万元的“黄豆案”解决完，自身90多万元的债务还清，把所有的转业干部的家属、随军的家属，还有职工都要安排完，正好一年时间。军区首长明确我侧重负责原师遗留“黄豆案”的结案，要求：“查清问题，不留后患，偿还客户费用由撤销后的守备区家底经费出。”李副师长负责原师本级的90多万元债务及日常事务。

早在部队允许搞生产经营时，原师司令部参谋长派一名编外干部去黑龙江省讷河县做黄豆生意，这名干部与早已复员地方的一名青年合作，收集当地黄豆，以火车皮发货形式发给外地客户。收取客户的款860多万元而发不出黄豆，那名地方青年携款外逃。第一期办此案的专案组将其抓回后，他谎称到岳父家仓房取款时又借机逃跑。负责此案的原副政委因此被安排转业，第二期专案组负责人又在部队整编前调离，到我这次负责此案的处理已经是第三期了。

当时情况是，案件当事人在逃，涉及 14 家债主分布在 14 省区，前两期专案组没留下任何资料，无发货凭据，无铁路运输票据……有的只是客户到当地中级法院受理。我与一名守备区法院干部、一名财务干部三人跑遍 14 家客户所在地，逐一查清汇款凭据，与地方各中级法院沟通协商。

俗话说，欠债的是大爷。客户和法院见部队撤销了还主动上门谈还款，很受感动。这样，我们将追查犯罪嫌疑人转交给地方公安部门，区别客户单位不同情况，分别达成按不同比例还款计划。最终为部队节约 240 多万元，不到半年结束了"黄豆案"，守备区善后办党委为我向军区递送了请功报告。

李守发主任负责的原师本级亏欠驻地的 90 多万元债务及日常事务还未结束，他着急上火，气性大，高血压连升不降，有时候一天要量好几次血压，高压 180、190，低压 120、130，很危险，需要严格控制。一些老同志、老首长听说老部队撤销了，回来看看，有的来时拿着要报销的药条子，他就来气："我自身欠的 90 多万元还还不上呢，你还来找我报销！"这种逆反心理导致他经常生气、吵嘴。我就和他商量，主动承担起一些棘手问题。我说："副师长，你能不能相信我？你这个高血压得注意点。善后这些事，'黄豆案'我处理完了，剩余未完的事交给我，你休息休息。"我们俩分别以原师招待所的两个套间作为办公室，他愿意写毛笔字，我说："你练你的字，你那摊事就交给我，在家写也行在这儿写也行，但是不管谁敲门你别吱声，就写你的。"他说："德才我太感谢你了。"我一直坚持大事与他商量。善后工作顺利进行，他的血压也稳定下来。

一名副团长被确定转业，老母亲坚持用汽车搬家，当时上级考虑安全不允许长途行车，我到团驻地军马场，亲自为他从地方协调落实了搬家车辆，让这位副团长和他老母亲深受感动。

◎ 守备三师善后期间于蒙古包里（中间的大校为李守发）

就这样，处理完师团两级善后办所有遗留问题，安置完全师职工家属，送走每一个干部战士，包括我的搭档李守发副师长到长春警备区任副司令，我最后才到二十三集团第六十七师报到任师政治部主任。李守发退休的时候我专程去看他。他退休以后，在省城长春有一套房子，是他自己设计装修的，客厅棚顶是一幅巨大的蒙古包毡房图案，很有蒙古大草原的特点，透露出他热爱老部队驻地的一片深情。后来，他的老伴患了癌症，他便放弃了省城优越的生活条件，陪老伴一起重回当兵之初的老家乡也是老伴的娘家住地，叫杏花村，承包一座荒山，在山上植树。他想这样既有利于调节他老伴的精神状态，自己也可以干点事。当他发现村里遇下雨天路不行孩子上不了学时，又修路架桥。后来又帮助农民致富，搞塑料大棚，教村民致富。

他成为全军的退休老干部标兵，全国巡回做事迹报告。一次，我在沈阳参加领导干部读书班，他到读书班做事迹报告，我去他的房间看他，我们俩紧紧地拥抱在一起，久久不愿松开。我与李守发从一起下团蹲点，到一起扑山火对抗成交，又到一起搭伙结束善后办工作，有缘分，也有很多相同之处。

我退休后家里装修也是自己设计的，客厅文化墙也有内蒙古的蒙古包，大兴安岭的森林。因为内蒙古是我的第二故乡，我在那里待了20年，从战士一直到走上师的岗位，在那儿成了家，完成了人生大事。乌兰浩特的草原叫科尔沁草原，没有呼伦贝尔草原大，但也是著名的草原。男人在外边放牧，女人在家置家，蒙古族女人大都很能喝酒抽烟、骑马赶车，家里的活儿比男人干得多。草原上的羊群在一个地方吃了十几天，草吃得差不多了，就要转移到其他地方，叫游牧式生活。帐篷支到哪儿就算安家了。羊群一般都有两到三只牧羊犬。晚上，羊群趴落处牧羊犬围着警戒，狼都不敢靠近。

◎ 与蒙族牧民欢歌，拉马头琴

◎ 六十七师工作、南京陆军指挥学院学习

我于1993年年底，结束老部队撤销的善后办工作，离开第二故乡科尔泌草原，前往黑龙江省牡丹江市，到一年前就任职的单位二十三集团军步兵第六十七师政治部主任岗位上报到。

六十七师，是一支战绩卓著，有着光荣传统的部队，当年华东堪称劲旅，是共和国著名的常胜将军排在首位的大将粟裕的老部队。后来，粟裕大将的儿子粟戎生曾在这个师二〇一团任过团长。

六十七师英雄辈出，有着创建全军“立功运动”的历史。如今北疆誓作雄师，是英雄模范人物大批涌现的部队，有全国著名英雄、为掩护六名儿童拦惊马而英勇献身的刘英俊及所在团创造全军立功运动的二〇〇团；有全国十大英雄之一的杨林；有在珍宝岛自卫还击作战中一条腿被炸断不下火线、被中央军委命名为“钢铁战士”的蔺庆春；有被国防部命名为“爱民模范”的金遗华……

◎ 41 岁时在刘英俊生前所在师任职（政治部主任）

六十七师，还是一支在珍宝岛战斗、大兴安岭扑火等闻名全国的事件中充当主力的部队。营区附近至今留有“英雄女坦克手”纪念碑、“八女投江”群雕……无愧于师荣誉室里那八个字：“华东劲旅，北疆雄师”！

1994 年 3 月，我由上校晋升为大校军衔，一年后的 1995 年年初，组织决定让我到南京陆军指挥学院学习，学期一年。

一年的军校生活，我系统学习了军队政治工作、军事指挥专业等 21 门考试科目，获得全优成绩，并被学院评为优秀学员，也是唯一走上讲台、学院领导观摩教学并受到高度评价的学员。我所在的学员五队共分三个区队，我担任一区队长，享受住单间待遇。学习期间，向学员队队长、政委（正团职）传授如何带好干部群体，为争创先进队出主意、当参谋，使学员队成为先进队，我个人成为学院中较有名气的学员，得到院首长的表扬。学习期间，尽管学习任务很重，但业余时间仍然很多，每周一至周五上课，周六上午组织生活，下午至周日休一天半，每天晚饭后至晚熄灯有 4 小时，算起来，每周业余时间 44 小时，还多于正课 40 小时 4 小时。人的差距在业余。于是，我利用上半年的业余时间结合在团任政委的实践，撰写出《一线指挥部与基层建设纵横》共 21 万字的书稿，暑假期打印出后寄往原沈阳军区白山出版社，社长亲自打电话告诉我："能结合亲身实践总结出规律性很强的东西，太难得了，书稿无须做任何修改。"就在我院校学习结束前，书已出版，并拟发至大连陆军学校的学员手中。此书针对团一级既是领导机关的基层，又是基层部队领导机关的特点，结合我个人任连指导员、营教导员、团政委及在团、师、军机关工作的实践体会，分"组织建设""部队管理""思想政治工作""抓落实的领导方法"4 编 14 章，总结、探索团一级面对面领导和基层建设有规律性、有针对性、有操作性的经验，深受部队欢迎，被读者称为"基层建设的教科书""旅团领导机关抓基层的工作手册"，被评为"全国优秀军事版图书"。

就在院校学习临近毕业离校前 13 天的 1996 年 1 月 8 日晚，我突然接到在部队的师政委电话，得知我爱人患脑溢血在医院抢救的消息。院领导破例准假让我提前毕业返回，我连夜购买火车票，在车上借用一位老板的大哥大手机，保持与急救室医生的联系。20 多个小时后我下车赶到医院时，看到已清醒但仍未离开急救室的她，拉起那无一点力量的手，止不住的泪水流下了脸颊。爱人因脑出血

◎ 1996 年南京指挥学院学习时，学员上讲台观摩教学的讲课

压迫神经，手脚心均失去知觉，经治的科主任推荐一种外国进口的脑细胞生长素，是自费的，很贵，医院没有，需到一家药商处购买，只需一周的量即可，我买回两周的量。经过 28 天住院治疗，她基本恢复正常后出院了。经治的科主任说："这是个奇迹，也是我经治同类患者中唯一完全恢复功能的病例。"这是她的福气，也是我和儿子的福气！

我经过一年的院校学习之后，伴随副政委的任职命令，走上了新的岗位。副政委，即政委的助手，担任纪委书记，同时分管计划生育、军民共建等工作。我约定自己做到：分管工作不让主官分神，棘手的事情替主官分担，关键时刻、险重任务独当一面；甘当配角不越位，鼎力相助不旁观，忍辱负重不懈怠，充当人梯不计名，处事不惊不躲避；唱好"主角戏"，当好"二传手"，做好"收尾事"。把副职岗位当作形成丰富素质的重要经历，总结出了如何当好副职的经验，被上级转发。

1996 年年初，我被当时的沈阳军区列入优秀后备干部名册，即提拔使用对象，也被军区表彰为优秀纪委书记。也正是从那时开始，我军有了腐败之风。了解我的老首长，说凭我的德才素质、机关与基层交叉任职的丰富经历，发展至大军区政委，成为一名上将是正常的，赶上腐败环境真是可惜了，行贿的事他们知道我不会那么去做；不完全了解我的老首长、老同志，劝我去找一找，担心我被耽误了提升；有知道我与军委一名领导当年曾是一个团的，有关系不利用的人，他们认为我太死性。当时流行这样的顺口溜："不找（关系）不跑（往上跑），傻干停用，进步终了；只找（关系）不送（钱），原地待命，职务不动；勤找（关系）多送（钱），快提重用，进步不停。"但我坚守自己的人格，坚持不找、不跑、不花一分钱出卖自己的道德底线，破坏自己“名副其实”的圆梦志向，在副政委岗位上尽职尽责，包揽了帅里所有棘手问题的处理，承担了多次大型活动、急险任务的领队，令师长、政委感动，让众人折服。

◎ 黑龙江预备役师及大兴安岭任军分区政委

1998 年 10 月，我所在的六十七师在裁军减员 50 万的大背景下，随二十三集团军撤编后撤销，因我是连续 3 年的军区优秀待提拔对象，按年龄要求距退休还有近 9 年，军区干部部的同志让我在黑龙江省选择位置交流任职，因为部队多次整编我已先后搬家九次，不想再折腾而选择继续留在牡丹江。干部部的同志说我与他们想到一块了，正好牡丹江新组建预备役步兵师，属作战部队，下辖四个团，我继续任副政委。当时，师团机关场新组建，我带领机关同志一个团一个团抓组建的一线落实工作，大量涉及与地方领导打交道的事儿，我都亲自协调落实，为后期的预备役部队建设打下了良好的基础，连续三年牵头编写出预备役部队《方位与思考》《战斗力成果研究》《预备役部队战役特点规律探索》《预备役军官手册》四本书，流行于全军预备役部队。我利用晚下班后和双休日、节假日，当一些人进娱乐场所、饭店公款吃喝玩乐，往外跑找关系提升的业余时间，整理近 40 年的日记，编写出感悟人生四季（少、青、中、老）四阶段、41 组、123 词，分上下册共 105 万字的哲理散文集《沉淀》，由山东文艺出版社出版，获年度全国优秀图书奖。因此书的出版，我成为作协会员，圆了我的第二梦：作家梦。

2002 年 5 月，我在副师职岗位上 9 年 9 个月，按一级职务不超过

10年的政策规定，军区党委没让我这个连7年的优秀后备干部“白瞎而退”，下令任我为大兴安岭军分区政委。“十年磨一剑”在我身上得到真实的验证。

我所在的军分区下辖两个边防团、7个武装部，共9个团级单位，在沈阳军区是最大的一个分区。分区班子由11人组成，也是大班子。没想到的是，已经50岁的我还是分区主官中年轻的。副司令、副政委都是60年代入伍的老同志。军分区部队担负840公里的边防巡逻、守卫任务，与俄罗斯以黑龙江主航道中心线为界，两国哨所隔江而设，两国军民隔江相望。边防无小事，事事都通天，责任重大，岗位光荣，自然也就很难有精力和业余时间去履行一位作家该做的事，只能用心留意地去做些生活和工作中的积累，待退休后补偿愧对作协会员之称的遗憾和欠缺。

我与兴安有缘，从军38年，入伍到兴安岭余脉的兴安盟，9次搬迁都在山里转，未离兴安岭的边防线。虽然环境条件艰苦，与“边”结缘也决定了与“苦”做伴，但心中仍有一种自豪感，因为歌唱军人的名歌名曲大都歌唱的是边防军人。

我深知到大兴安岭军分区是我军旅生涯的最后一站，如何站好这最后一班岗？从守备到野战，前32年积累了相关的经验，这后五六年的边防部队特点对我是新课题，需要潜心研究，在实践中掌握工作主动权。

我先后有研究成果被军区转发或交流：

构建“一体化”边境管理模式，提高党委抓中心工作落实的能力；围绕“五边”思路加强经常性思想工作，不断增强边防部队的凝聚力战斗力；抓住边防部队特点增强工作指导性、针对性；边防团规范化工作运行模式；发挥边防文化功能，促进军营全面和谐；建设过硬领导班子应注重“四个体现”；领导机关落实从严治军应处理好四个关系；与时俱进发扬艰苦奋斗精神，按“三个代表”要求塑造执政为兵形象；领导干部加强思想道德建设应努力做到“七慎”；领导干部自身建设应做到学理修德、严于自律、树好形象、接受监督；确立群众观念是领导干部树形象、做表率的本源和特征；提高本级应有能力是当务之急；以科学发展观为指导，在考察使用干部上形成健康导向；创新发展重在求实问效……

在研究边防部队特点，有针对性开展工作的同时，注意培养、总结典型指导边防建设。

◎ 与驻地鄂伦春族人合影

边防八团与鄂伦春族自治乡毗邻。鄂伦春族是我国六小民族之一，以前过着以游猎为生的原始生活，处在文盲、半文盲状态。八团官兵在鄂族群众中开展社会公德、家庭美德、职业道德教育活动，开办文化普及教育班，通过广播电视、板报墙报、文艺节目、公演电影等形式，宣传民族政策、法律知识，提高鄂族群众文化素质。为改变鄂族群众贫穷落后面貌，为他们举办各类培训，学习掌握寒区塑料大棚蔬菜种植、木耳养植等技术，帮助拓展桦树皮工艺品制作规模和销路。针对鄂族群众长期游猎生活养成不善治家的习惯，组织干部家属同鄂族妇女开展姐妹互助活动，帮助她们布置房屋，传授烹调技术、缝纫技术及养育婴儿、护理老人等常识。官兵们帮助鄂族群众清垃圾、刷墙壁、修街道、植树，使村容村貌焕然一新，家家户户窗明几净。每年“八一”节，鄂族群众穿着鲜艳的民族盛装，牵着猪、羊到团里慰问，与官兵手拉手围着篝火跳起欢快的鄂族舞，尽情表达深情厚谊。

八团与驻地鄂伦春族群众军民共建的事迹连续多年受到上级表彰：被国家教委授予全军唯一的“中华扫盲奖”；被中宣部、总政治部表彰为“军民共建社会主义精神文明先进单位”；被沈阳军民表彰为“拥政爱民先进单位”；被全国双拥工作领导小组等联合表彰为“军民共建社会主义精神文明先进单位”。

八团五连驻地吴八老岛，由三个岛屿组成，总面积1.62平方公里。早在1962年，三合村居民吴相连因排行老八，绰号“吴老八”，一家人居住岛上耕田种地。1968年夏，苏军在岛上挑起事端，不准中国边民上岛，同年冬天发展为阻挡中国客车在岛上行驶，经常用轻机枪向岛上射击，威胁我方上岛生产人员生命安全。五连官兵上岛巡逻，突遭苏军暗哨扫射，我巡逻战士任久林中弹牺牲，引发边境武装冲突，最终保住了岛属我国领土主权。连长王方胜在观察哨平台上立起“山”字形石碑，碑上题写“吴八老岛”四个字，还修筑以证实吴八老岛属中国领土的以外国记者名字命名的“马克斯维尔亭”、地下坑道式观察哨等，成了首长观察、观光的景观，也是一代又一代五连官兵新兵入营、入党宣誓、传统教育、老兵复员向哨所告别的场所。老连长吴振才当选为全国五届人大代表，连队先后13次荣立集体二等功，一次一等功，创造出方方面面连队建设的经验。连队驻地的三合村，因当年边境武装斗争

◎ 边防哨所吴八老岛上

中表现突出被时任国务院总理周恩来命名为“三合模范战斗村”。

面临市场经济大潮，村中姑娘们大都外出打工进城、成家不归，剩下的小伙子们找不着对象，村子成了“光棍村”。有一家父子三口的“光棍之家”，早晨起床前曾在被窝里喝光一瓶“闷酒”。这一新的社会问题，身为地委常委的我及时反映到地委书记及常委会上，从而引起了重视，并采取相应措施。我联想在内蒙古科尔沁草原上工作的23年，生发了这样一段真实的文字：

> 草原上的鲜花被美丽的姑娘摘走了，美丽的姑娘被复员军人带走了，牺牲的军人埋在坟墓里了，坟墓就在开放鲜花的草原上。目睹现今兴安岭上，森林里的姑娘被繁华的城市吸引打工走了，城里面的打工男女相识相爱成家了，坚守家乡的小伙子们难寻异性成家，结伴的只有大山岭、大森林。

八团五连还有两位“无言战友”（军犬、毛驴）被传为佳话趣闻：

连队早操、集体站队迎接首长讲话或合影时，军犬也主动站在排尾参与；为班排、哨所、炊事班拉车送水是不用人牵赶的毛驴。

跟动物打交道的，除了喂猪的饲养员还有军犬员。军犬是边防部队才有，内地没有。军犬员是经过培训的，当时主要承担边防的巡逻。巡逻一般一个组，最少三个人，最多五个人，带一条军犬。不管多少人都谁去，军犬始终在前面走，它知道巡逻路线，领着走。我们去连队，大家集合向我们报告，军犬蹲在那儿，也面对着我们，临走跟首长合影，军犬也在队尾站着照相。

军犬从小就在军犬训练队里训练，只有军犬员给它东西才吃，其他人给都不吃，不管啥好吃的，给肉都不吃，真像电视里演的，就认一个人。边防连队的军犬全认识我，一喊名字，就用两只爪子趴在我

◎ 边防巡逻中的“无言战士”——军犬

肩膀上，特别好玩。我们就叫它无言的战友。有些情节就和电影里演的一样。看到有篇新闻报道，说是部队老兵转业，兵背着包已经上车了，军犬一下子跳到车顶上去，咬着他的背袋，人狗相对，人也流泪，狗也流泪。这个场面非常真实，生离死别的感觉。我们部队的军犬也是这样，对他的驭手就是这样。它怎么能感觉战士要离开部队呢？因为每年都送老兵，它习惯了，知道你要走了。有时候军犬员病了，住院了，它就好几天不吃饭，最后实在没办法，战士就跟它对话，说：“你得吃啊，你那个战友住院去了，他不在你得吃。”它听不懂，但是大概明白怎么回事。

军犬舍是很高级的，用木板搭成床，中间是空的，和地面隔离开，每天都打扫。军犬吃得特别好，一只军犬的生活费等于三个战士的生活费，要保证营养，不仅仅是吃肉，还喝奶，给战士每天保证两个苹果，军犬也一样。水果不断，不只苹果，还有香蕉。军犬服役也有年龄，基本上都是7~8年退役，一不能卖二不能杀，送回军犬培养基地一直养到老死。边防连队配备军马，军马也有生活费，非常有灵性，到了最后退役的时候，也是这样，不允许杀，不允许变卖给地方，一直到老死为止。

我蹲点在五连时，根据五连特点，总结出连队的“五爱”精神：“爱国奉献、爱岛戍边、爱连如家、爱兵至上、爱岗敬业。”他们将这“五爱精神”写在荣誉室、会议室里，作为“连魂”写在醒目的大宣传栏上，远远可见。

五连也有一个无言的战友，驴子。观察哨和连队营房有段距离，观察哨最高处的坡面非常陡，有30度。哨所没有水，得从下往上拉，开始是驭手赶着驴上哨所，用水箱拉着水，后来驴自己走，自己执行任务。它把水给送上去，兵把水卸完了，它再掉头回来。出外搞驻训，每个班需要送水的时候，它拉着水挨个班门口一停，兵把水卸够了，它又到另一个班门口，直到都完了它自己就回去了。不用人牵也不用人赶，准确高效，很神奇。

这些无言的战友、部队的一员，一样宝贵的生命，我们像人一样对待它们，很有感情。

距团部最远的一连，驻地三卡村，连队1969年入伍的军医高连启，34年未离开连队。家属随军随队后一家人就住在临时来队的小平房里。34年，他送走了一批又一批战友，又迎来一批又一批战友，成了官兵的长辈甚至是爷爷辈。连队远离团部，驻地偏僻，干部战士和驻地群众诊病就医都靠他，他也离不开连队和驻地百姓，团里几次想安排他到团卫生队，他却一直坚守岗位不舍得离开，被当地群众称为兴安“神医”。他在连队既为官兵治病防病，又协助指导员做思想工作，被官兵称为“第二指导员”。家属也成了连队编外一员，干部战士病了，她在家里做病号饭；连队会餐，她是一名编外炊事员；官兵衣服被褥拆洗，她拿到家里亲自做，把他们当成自己的孩子。

高连启的事迹登报了、上广播了，成为知名的典型人物，当选为全国人大代表。因为他当兵一直在一连没动窝，是人大代表中个人履历最简单的一个。他退休前，我为他争取授上了大校军衔，并在省城哈尔滨争取了一套新房。退休离队时夫妻俩专程到军分区我办公室告别，老伴激动地说：“一辈子没想到还能进省城，算是沾老高的光儿了。”

九团驻地是我国最北的漠河。团部大院布局规整，绿树成荫。院内的“兴安园”内浓缩聚集的大兴安岭动、植物，山水花草，应有尽有，同团队来自全国各地的官兵相映成趣。在 1987 年扑灭震惊中外的特大森林火灾中，团队有 98 人立功，成为“百名功臣团”，被中央军委荣记集体一等功。但后来团队建设成绩平平，在省军区九个边防团中处在不沾先进边儿的“老九”位置。我连续三年重点抓九团不撒手，每年蹲点两至三次，以“战严寒、破禁区，扎根北极；固国防、保稳定，无私奉献；不畏难、永开拓，争创一流”三句话为激励词，动员官兵创佳绩、争第一、扛红旗，高标准建设团队。省军区先后在九团召开“军事训练”“政治思想工作”“正规化管理”三个现场会，军区首长评价九团为“最北第一团”。

九团四连驻守在黑龙江金鸡之冠、天鹅之顶，有“龙头乡”之称的北极村。北极村是高产女作家、茅盾文学奖获得者，现黑龙江省作家协会主席迟子建的故乡。连队代代官兵形成了“八句话六十四字”的艰苦奋斗精神，即：“高寒守边，镇守北极；不畏艰苦，忘我奉献；自强不息，不懈追求；百折不挠，拼搏进取；勤奋扎实，勇于创新；居安思危，战斗为本；俭朴自律，成人成材；创造佳绩，连兴我荣。”

◎ 于创建的“兴安园”中

连队被沈阳军区授予“艰苦奋斗模范连”称号，荣立集体一等功、二等功十余次，如连歌所述：

> 脚踏金鸡之冠，身居天鹅之顶，在祖国的边防线上，有一颗闪亮的星，上哨所伴我是北极的风，巡逻归来身披雪白的冰凌，啊！保卫祖国安宁万家欢乐，我们是光荣的北疆哨兵……

慷慨激昂的连歌音符里，表达着一代代边防军人苦中有乐的精神风貌，也流淌着一代代北极模范连官兵卫国戍边的感人故事：

有“父子两代哨兵戍边北极”：连长贾永才爱兵献身成为英雄，子承父业的贾鹏飞由优秀士兵转干又成标兵哨长。其寡母身患多病，一人在老家生活无人照料，被特殊照顾重返部队享受遗属津贴每月 800 元待遇。

有“打破绿色禁区创造春常在奇迹”的全军劳动模范宁广红、团中央表彰的十大杰出青年韩林等四代种菜王：他们改变北极“六月雪花飘、八月霜来早、种瓜不爬蔓，种豆不结角”的过去，创造“洋菜中种、南菜北种、山菜家种、夏菜冬种”，蔬菜品种由“老三样”50 多个品种，产出 2.4 公斤的美国西芹、长达 1.2 米的巨型丝瓜和 32 公斤的特大南瓜，被沈阳军区作为标本收藏。

有“大山的儿子对大山的爱”：放弃军校毕业留校机会，毅然决然选择边防北极，结合高寒训练摸索出“八个系统综合训练法”，研制出战争潜力资料系统、电子控制语音报靶器、遥控运动靶车等一批适合寒区连队训练、科技含量较高的成果，被推广部队的连长标兵肖慈成。

有“北极情人对北极的恋”：大学生干部不恋都市恋北极，以兵为友、以连为家，实践与编写出连队思想政治工作《百个故事》《规律条

◎ 中国最北哨所——北极哨所。“祖国利益高于一切”

条》两部书籍、三部录像光盘的指导员标兵梅来昌。

有“森林的种子对森林的情”：艰苦奋斗模范连的荣誉室里，锦旗满柜，奖状满墙，英模多多，数十名党和国家领导人、军委总部首长题词成列。官兵挑江水用过的扁担、水桶被国家军事博物馆收藏；每逢节日，连队与祖国最南端三亚边防连的南北对话；中央与地方媒体对“北陲哨兵”的采访镜头……这些都渗透着边防官兵、极地勇士的辛勤汗水和戍边深情。

还有，以双臂合举、利箭直刺云天而构成“北”字形体，展示北陲戍边官兵理想和象征的连队大门；由沈阳军区和黑龙江省政府共同奠基建造，一尊手握钢枪、英姿威武，碑高三米的哨兵塑像；由国家主席题写于连队大门外，北极村口的“中华边陲”纪念碑，碑背面有时任黑龙江省省长陈雷题写的五言诗：“戍边控故垒，劲旅日夜巡，赤心报华夏，旌旗扫寒云。”连队附近还有“北陲亭”“神州北极”“找北之点”巨大石碑，“中华最北之家”，“七星山”“元宝山”“飞来松”“古井与古电厂遗址”等。

◎ 北陲第一团团部门前

三连驻地北红村，近百户村民大多从老家山东早年逃荒而来，交通不便，不通电话，附近无学校，村里孩子一至三年级在一个房间里由一名老师轮流讲课。见此情景，我与团领导商定，在连队为群众特别安装一部地方长途电话，专供北红村民与老家亲人通话联系；投入财力物力为村里开办小学，保证孩子年级独立成班的学习环境，选一名士官担任长期授课教员。村民们深受感动，称电话室为“爱民电话室”，小学为“八一小学”。电话启用和小学开学典礼时，村民和孩子们列着长队，敲锣打鼓走出村屯，夹道欢迎我们，场面十分感人。

与兴安结缘，自然离不开一个“边”字。我从军之初，守备在边防；转隶交流，野战驻边防；最后一班岗，退休于边防。军旅生涯，戎马一生，边防环境、戍边神圣，如“边”字结构一样，是以忠诚的职守责任和无私奉献精神，用“力走”过来的。难怪在歌唱军人的无数首歌曲中，最让人动情、催人泪下并成为名曲而百听不厌的是歌唱边防军人的，那些歌唱边防军人歌曲的歌手，也大多成为人们最喜欢的著名歌唱家。因为，只有边防军人最具备资格代表军人。边防连队、边防军人，成就了无数的感人故事。有边界的地方，就有边防军人的忠诚守卫，边防军人本身就是一座座有血有肉的界碑。相对歌唱家的《常回家看看》那首动情的歌，边防军人也编写了自己心底里的歌《咱为啥不常回家看看》：

> 人人爱唱的歌是《常回家看看》，军营儿女更想和亲人团圆，只因为边防责任大，守卫着祖国疆土边关。妈妈啊妈妈，亲爱的妈妈，相信您能理解而不怨。虽不能帮妈妈洗洗碗，也不能给爸爸揉揉肩，咱记住了父辈讲的那句话，自古忠孝难能两全，难能两全。
>
> 人人爱唱的歌是那《常回家看看》，军营儿女正守卫着家园，

白头山就是母亲的怀抱，黑龙江就是咱家的门坎，妈妈呀妈妈，亲爱的妈妈，请您不要挂牵，是一轮明月为妈妈祝福，送一缕清风为爸爸擦汗，咱挑起了祖国给的那重担，做一个顶天立地好儿男，好儿男，做一个顶天立地的好儿男。

◎ 任大兴安岭军分区政委期间于漠河边防九团

与我搭班子的第一任司令员，入伍就在边防，是位近 40 年的老边防，未进过北京、未坐过飞机。临近退休的两年中，我先后三次安排他出去见识祖国的大好风光。更令人敬佩的是一些老边防退休后还舍不得离开边防，有的还把儿女留在边防安家落户。我坚持每年八一建军节都请那些老同志们回分区，忆传统、搞活动、吃顿饭、合张影，老边防刘锐副参谋长为聚会所感动，写诗一首：

山城及时雨，心峦若倾盆；
燎原一杯酒，化作千重温；
遂得清风慰，允当百草芬；
修得真情惠，学高念故人。

我虽然退休离开了大兴安岭，但那里的一山一水、一草一木却深深地刻印在我的脑际，赋诗一首：

十八从军步入军营，
辗转东北数次搬迁；

军旅生涯三十八载，
自始至终结缘兴安；
青春辉煌中年告退，
履责尽义忠孝两全；
戎马一生戍边一世，
解甲不归入京享晚。

◎ 大兴安岭仅有的三棵红松，其他都是落叶松、樟子松、白桦……

◎ 牡丹江市广场军民联欢

◎ *2006* 年 *5* 月 *22* 日大兴安岭扑火纪念，与地区工会主席张海峰同志“龙兄”合影于扑火西线

◎于黑龙江牡丹江的夹皮沟与前来看望的老战友一起

第三部分 做好思想工作就是做人

在部队 38 年，我从普通一兵到师级军官，大半程处在佼佼者的位置。但当时官场上出现了不良风气，取代了凭德才表现、群众公论的用人原则。

记得刚到省军区，首长第一次与我谈话时还说：“军区干部部介绍你是位优秀干部，省军区也没有门户之见。”

一直对我寄予希望的老首长们催我：“也上去找一找吧，总在一个位置上年龄扛不住啊！再坚持下去就真的白瞎你这个人了，太可惜了。”我说可惜也没办法，赶上整个大环境没办法。北京军区的政委退休以后，给我看授他上将军衔时候的照片，他说：“你也应该有今天，守备三师的那些老首长就寄希望于咱俩，我是 60 年代的兵，你是 70 年代的兵，这两个年代的兵，咱俩是代表是佼佼者，你没有授上将军衔，是你赶的时候不好。”我说那没办法，内心有遗憾也没遗憾，因为认认真真做事，清清白白做官，坦坦荡荡做人，是我圆梦“德才兼备、名副其实”的原则。

老首长的“催”，好心人的“劝”，当然都是出于一种好意，他们了解我，但我仍坚守道德底线，守住自己的人品。在一些人绞尽脑汁、挖空心思去为个人仕途而跑官买官，业余时间花天酒地，泡洗浴中心、进娱乐场所，吃喝玩乐、人心浮动的环境下，我坚持不改自己做人的初衷和梦想，做好自己应做的工作。在相对轻松的副政委岗位上，我利用业余时间，3 年下来，整理自己 35 年的日记，感悟人生，按少年、青年、中年、老年四个阶段，即“人生四季”，以三个词题为 1 组，共 41 组，123 个词题的正反两面内容，撰写出 150 万字充满人生哲理的《沉淀》上、下册，通过对人生“七情”“六欲”“五味”的体验，荟萃深刻的人生道理，深化对世故睿智的洞察，对人生哲理的探求，对生活规律的思索，形成一部隽语箴言集，给人启迪，发人深省，耐人寻味。出版后，被人们称为“人生教科书”，当年获得优秀图书奖，我也被作家协会吸收为会员，圆了我“大学梦”后的第二个梦想“作家梦”。

哲学家叔本华把作家分为三类：流星、行星、恒星。流星，只在转瞬之间，一闪而逝，如时尚书；行星，耐久得多，离生活近，亮度往往胜过恒星，如时代书；恒星，坚守太空，对所有时代保持相同影响，没有视差，不随人们观点改变而变形，如宇宙书，永不消失。坚守圆梦德才兼备、不改变人生品格的我，自然要去做一颗恒星，撰写的内容与做人的行为，在任何时代的任何社会环境中，都要保持人格本性，不变质。所以我才会带着“大江东去”的豪迈，用无言的行动和全部的业余时间，先后写出汇集事业中德才成果的《风采》、反映领导规律的《纵横》、感悟人生哲理的《沉淀》、荟萃华夏景观文化的《阅旅》、“两字哲”形式的《人生二十一谈》、自传式书稿《圆梦一生》等十余册书。

◎ 坚持德才品格

1992 年，我被提到师职干部，部队腐败开始有苗头了。在这以前，我一直发展比较顺利。1992 年后，我的仕途上还按照自己那种凭能力素质和为人去工作，实际上不行了。时代在变，但我的个人品质一直没变，行事作风没变。从思想品格上，我不想改变自己，我一直就是这么成长起来的。我的从军经历是丰富的，老首长们按照毛泽东时代培养干部的办法培养我，从师机关下到连队任指导员，再返回机关任秘书；从军机关下到团任政委，实行机关部队交叉任职，实现有连、团两级主官经历；守备部队、野战部队、预备役部队、边防部队，中国陆军的四种军种我干全了；连、营、团、师四级主官都干了。大校军衔扛了 14 年，优秀后备干部备了 9 年。

毛泽东时代，部队是所大学校。我的成长进步可谓一帆风顺：18 岁干部从军当兵，27 岁任指导员，32 岁任团政委，40 岁任师职，一直是部队同年代兵中的佼佼者。腐败盛行的近 20 年，部队几乎变成大染缸。我，在师职岗位优秀后备却不提职，停步不前，大校肩牌肩扛 15 年，破了全军纪录，直到退休，深受部队腐败之害。

党的十八大一召开，习总书记上任反腐败，老虎苍蝇一起打，部队的风气得到了扭转。我虽然早已退休，但看到部队的腐败得到惩治，编制体制得到合理改善，军队有希望了，党有希望了，内心有种说不出来的兴奋感！真是东方又红，太阳又升，反腐败使党和军队又获新生，全国人民同心协力实现中国梦。

军人的职业决定要牺牲、奉献；在各级岗位上任职都需要坚持德才品格。我在连、营、团级岗位，都是在主官位置上。任师副政委后，坚持良好的思想作风和道德修养，要求自己做到：甘当配角，不恃

◎ 于办公室

才争名；维护主官，不冒进越位；积极主动，不推诿懒惰；挡驾矛盾，不随声附和；协调补台，不揽功推过；服从不盲从，到位不越位；主动不冲动，用权不争权，补台不拆台；全局工作当好“二传手”，分管工作当好“主攻手”；棘手问题迎难而上，忍辱负重甘为人梯；分工负责的不让主官分心，独当一面的保证高效完成。这样，主官称我是贴心相助的副官；机关干部赞我是“处理棘手难题的高手”。被军区表彰为优秀纪委书记。

◎ 规定铁的纪律

2002 年，我到大兴安岭当政委，下边除了有两个边防团，还有 7 个武装部，都是正团级单位，我在征兵工作会议上规定了一条纪律：在接兵送兵入伍问题上哪个单位干部收礼问题，都公开处理，除处置本人之外，所在单位主官也逃脱不了责任。对征兵体检把关不严，到部队后 45 天复检退兵的，在处理医生的同时追究武装部主官责任。有个武装部照顾一名孤儿当兵，孤儿因身体原因被部队退回，武装部的部长政委分别在军分区党委会上做检查，全分区发通报批评。有位比我早入伍两年的老同志因为家属遭车祸，一个人

◎ 训练场上

带不了孩子，他要求特批转业，到地方后，一次我去看他，他跟我说：“德才，你也争取早点走吧，现在部队势头不好，不是咱们这号人待的地方。我发现，不是凭德凭才凭能力素质了，现在是凭钱凭歪门斜道。”后期部队腐败现象公开化了，暗箱操作已经有了不成文的标准：连提营、营提团、团提师、师提军以上，包括战士入党、转志愿兵，多少钱都有价码。提干必须考军校，考军校必须进文化补习班，进补习班还得花钱。我在单位规定这样一条纪律：凡是靠送礼送钱办的一切事情，提倡大家举报，在连以上单位都设有意见箱，对举报者表扬，对被举报者一经查实，对送者收者均按行贿受贿严肃处理。

防腐败，调整体制胜于纪律约束。习总书记抓反腐败改革军队编制体制、机构体制，把权力过于集中又人浮于事的大机关砍掉，有限的经费保证在部队中落实，解决过去层层克扣的问题。过去经费到基层团以下不足百分之五十，有时候部队想干实事搞建设，没有钱，上级机关吊着你，让你去要钱。你要 10 万元，得给个人送两万元，下级觉得送两万元也合适，还有 8 万元呢。就这样，弄得总后一个助理员都有答应给拨几十万元甚至上百万元的权力。现在类似这样权力过大的机关被砍掉了，中间没有克扣的环节，从根本上解决了问题，经费就能足额下到团级以下部队。

◎ 思想工作无小事

我在六十七师当政治部主任的时候，有个后勤部的副部长，因为被确定转业有点想法，心情不太顺，还没等转业就不上班了，自己在家买点宣纸，练起毛笔字了。有一天他要车带车上街，对面一个地方派出所所长酒后开车，和他坐的车迎面相撞。车门被撞开，把他甩进同向行驶的一台大客车下面，当时脑袋就轧碎了。那天晚上沈阳军区文工团在师慰问，师长政委说："主任你处理吧，本身你也管干部。"当时我在团里蹲点，撤回来后就一头扎在这事上，连续十来天睡不好觉。抚恤金按照规定没多少钱，家属这方面两个孩子负担很重，为了让地方多出点钱，我便耐心做家属工作劝家属，并协调他们娘仨回大庆做了妥善安置。

司令部协理员因为提职没提起来，情绪不好，就和几个比较要好的人一起喝酒，喝完酒三个人一起骑三轮摩托车回家，在立交桥上撞车，车斗里那个人被甩到桥边上，驾驶座上的两个人被撞昏后又被撞击后燃起的大火活活烧死。处理这样的事既要讲情，又要讲理，既要按规定办，又要理顺法和情的关系。酒后驾驶再加上当时规定干部不允许开车，有驾驶证且司机出身的干部业余时间也不能开车，规定特别严。但处理的时候，一个协理员，一个参谋，人都没了，两个家庭是有抚恤金标准的。协理员的父母虽然只有这一个儿子，非常痛苦，但平时与儿媳关系融洽，在抚恤金分配上父母高姿态表示都给儿媳和孙子。参谋的家属与公婆间平时关系不那么融洽，于是在抚恤金问题上开始与组织闹，标准明确后又转向与公婆争。故去参谋的妻子还是个小学教员，但人到关键时刻似乎总是赤裸裸的，跟知识层次没关系。抚恤金按规定，继承人的顺序是妻子、子女和父母。公公从法院退休，懂法。我首先做家长的工作："按规定第一继承人是儿媳，尽管婆媳关系不好，但也不能跟你孙子争。你先做出个姿态说不要，让儿媳主动给你，看给你多少。"公公因儿媳不想给而有气，但经过工作也答应下来。我又跟他儿媳做工作："抚恤金发放是有明确的规定的，故去者家属享有共同的分配权力，妻子、孩子、父母都是继承人，你和儿子各享受三分之一，公婆两人三分之一，公婆如果说不要，你给不给？"她说："不要我能不给吗？"我说："你看，我相信你会这样的，最少应该给他们三分之一，能不能做到？”她说：“如果他们真有那个态度，我能做到。”见面之后，儿媳主动提出给公公婆婆三分之一，公公婆婆深受感动，流着眼泪表示不要。我说：“不要也不行，儿媳说的也符合规定。”这样就解决了问题。部队的工作最难做的是家属工作，特别是遇到像这样的事。两个家庭的老人都感谢我，表示处理此事既按照法规又把握得很灵活，让他们当家长的从思想感情上说得过去，他们说过的一些过头话我都忍了，实在觉得对不起。后来，我调离后还专门去看过这两户人家。

边防九团四连连长贾永才，一次带车到团里参加训练考核，返回的时候，有一个临时来队的家属，他就把驾驶室座位让给那名家属，自己到车厢里了。途中发生翻车事故，为掩护战士他牺牲了，被追认为烈士。当时他儿子贾鹏飞未成年，爱人在老家还没随军，因为当时随军条件是副营职入伍 15 年。2002 年我到军分区当政委第一次到这个团听情况汇报时，得知这个干部的爱人一直是一个人带孩子生活，在一个纸箱厂当工人出苦力，后来纸箱厂又倒闭了，尽管身体有病还四处打工维持母子俩的生活。后来儿子贾鹏飞当兵来到父亲生前所在的团，干得很出色。听到这种情况，我想，孩子的父亲虽然没了，但这个战士还在团里，这是一种精神，如果这名牺牲的连长还在的话，其家属早够随军条件了，要把这个战士的母亲接到部队来，按照随军遗属对待，每月给 800 元钱生活费。开始，团里还担心大家都攀比起来怎么办？我说，连长是一名烈士，父子俩都把青春贡献给部队了，为什么让一个寡母一个人在家受罪呢？事后，一次我又去团里蹲点，母子俩一起到招待所我住的地方跪下给我磕头感恩。团里对贾鹏飞这个烈士的后代又重点培养。那时候一个团的优秀士兵一年才有一个保送提干的指标，选拔条件非常严格，贾鹏飞也很争气，在连队是优秀班长保送入军校，毕业成为一名干部，按照他父亲当年成长的路将其安排到他父亲当年所在的哨所当哨长，后来又当连长。他与军分区后勤部长的外甥女结婚，安家于漠河，同母亲在一起享受着美好的幸福生活。一篇报纸上《子承父业戍边建功》的长篇通讯至今留在我的剪报辑里。

人与人有的感情任你如何用心也会越来越淡，而有的背影尽管相隔千里也会越走越近。我到大兴安岭工作不久，一次突然在办公室接到一个本不相识的人的电话，是打给我前一任政委的。这个人叫林柏松，黑龙江海伦人，1968 年入伍，因当年执行边境潜伏、巡逻任务冻伤双下肢而致成一等重残，病情惨重，双足溃烂不愈。他与残疾搏斗中坚持携笔写作，先后出版了散文诗集《拨响灵魂之羽》《心的折痕》《长夜无眠》，长篇自传体小说《自己的背影》，成为中国作家协会会员。其爱人因积劳成疾早逝，只好雇保姆伺候。得知此情，我备感同情与敬佩，为他资助医疗费用，并与他开始了电话沟通，还专程去他家里看望。

我总觉得，这么多年我做工作记住了很多人，也让很多人一直没忘记我，人走茶不凉。我待过这么多单位搬过九次家，每一个驻地的战友，有的转业到地方，有的还在部队干，都没有忘记我。事隔多年，我都要去看一看他们。现在，我的手机微信建有五个战友群，经常联系的有二百多人，有干部、战士、公务员、驾驶员、炊事员、卫生员……几乎天天网上战友相聚。

◎ 带好独生子女兵

自 1980 年开始，入伍的战士中独生子女较多了。由于在家娇生惯养，自由散漫比较难带，有“特 80”的说法。私自离队、打架斗殴等事比较多。加之1980年、1981年还是计划经济时代，城市兵入伍有安置卡了，当几年兵回去后就安排工作，所以到部队不想好好干，不想入党，不想提干，满两年服役期就回家。有的家人想把小孩送到部队锻炼一下，改造改造，让他成成形，有所进步。部队新老兵之间差异观念比较大，我比你早入伍一年你就是新兵。新兵就得听老兵的，就得给老兵打洗脸水，洗脚水，挤牙膏，洗衣服。独生子女兵自理能力弱，根本不想做，也不会做这些，新老观念不强，我行我素的意识倒很突出。带好他们不能只靠行政命令，必须注重情理相融。班长是军中之父，有的新兵不怕干部怕班长。

一个时期内部队中存在打骂体罚战士倾向。纠正打骂体罚的问题，要求干部带兵要研究独生子女兵的特点。独生子女生活条件好，没吃过苦，没有兄弟姐妹，都比较独。不像过去当兵，家里好几个孩子都苦出身，一说当兵啥苦都能吃，什么东西都很正常。独生子女到部队过集体生活，怎么样适应其特点，抓住心理去带，不能完全靠纪律约束，有时候完全约束，他吃不消就偷着往家跑，有的到歌舞厅、游戏厅玩去了，刹不住心。连队每天都要点名，早上出早操，晚上晚点名，有的后期采取封闭式管理的办法，营区大门都不让出。家庭条件不管怎么好，从家带钱或者邮钱都要受限制，买东西统一集中采购。如果过生日，连队指导员都有一本账，记着所有的战士生日，到哪天谁过生日就做长寿面荷包蛋；要是有两个几个赶在一块，可以喝点啤酒，一人最多一瓶，限量。没有规矩不成方圆。感情带兵与封闭式管理相结合，收到了良好效果，也得到了家长赞成，觉得把孩子送到部队真放心。

现在的孩子缺什么？就缺吃苦，缺艰苦的环境。人的意志培养需要艰苦的环境。磨难可以锤炼意志，艰苦的经历是人生的财富。

◎ 要把后进兵当成宝

在军营里感情胜过纪律，这是我这么多年做思想政治工作，做人的工作，带兵的一个感受。纪律是条条框框去限制，感情是没有限制的。好多皮子兵，聪明机智，能在战士当中形成思想体系，能影响带动周围的人，纪律约束不了但感情可以打动。把后进兵当成个宝去看待，去改造感化，从根本上转化，一旦转化，浪子回头，还真是优秀，是很棒的思想骨干，用他的一举一动带动人，有时更有影响力。战场上，后进兵产生的英雄多就是这个道理。

感化不过来的就不是聪明的，而是心胸狭隘的。我入伍那年，我们师九团有个和我同年入伍的兵，评五好战士没评上，就想不通了，对连队干部有意见，对评上的人嫉妒恨。那时枪和弹都在个人手里，晚上睡觉都放在各个班的枪架上，这个战士想不开，就拿着枪装上子弹行凶打死三个人，自己跑了，枪里还有子弹。全连在一个山沟里把他包围了他还反击，最后就把他击毙了，身上的弹孔五十多发，很惨痛。后来此事被传为“九团小战斗”。打那以后，部队对枪支弹药管理特别严，我们师不让战士手中有子弹。可以有枪，但不能有子弹。

做思想工作有很多方法。对新兵利用录音法：即把战士对父母说的一些话，录下来寄到家里给父母，父母录了对孩子说的话再寄给连队让战士听，以声音激励情感；先进带后进法：结帮学对子，叫一帮一,一对红；后进带后进法：一般情况下，在几个后进战士中一定有一个比较有号召力、影响力的，其他人都非常服气他，利用核心人物做工作，以服气、义气转变为正气、朝气，变消极为积极。

我到大兴安岭军分区工作后，北极漠河的边防九团四连指导员梅来昌，是越格提拔当教导员，后由教导员当科长，现在在黑龙江省军区干部处当处长。他特别善于做经常性思想工作，把战士的思想变化规律性的东西编成了小册子，总结出新兵下连、老兵复员、独生子女、大学生战士、单亲家庭等不同时节、不同对象的思想工作法，成为指导员典型。

做人的工作挺复杂的，人的生活条件越好，思想越是懈怠复杂，越是没事的时候，越是没事找事。条件越艰苦，工作越好做，人的思想感情越容易凝聚，有一种共同去克服困难的态度，有一个共同目标。人到了一定年龄之后，人与人之间的体验也好，和环境之间的留恋感也好，真正印象最深、记忆最深刻、最打动人、最令人难忘的还是最艰苦奋斗的时段。

◎ 选拔干部有讲究

选择干部，除了注重综合素质，还需要考虑个人性格。一般军事素质好一点，性格外向任军事干部居多；性格内向，个人修养好一点，任政工干部居多。军事干部选拔须侧重于军事业务，政工干部选拔侧重全面素质，更严格一点。选连队指导员既要军事素质行，同时要会做人的工作，会做组织工作。政工干部为啥当书记？指导员是支部书记，教导员是营党委书记，团以上的政委都是各级的党代表，党的书记。“一班人”的“班长”，有一个带班子的问题，军事主官是副班长副书记。政工主官一定要全面，要能抓住人抓住人心，抓住这一个“班”，抓住干部队伍，形成凝聚力。军事主官政治素质也不错的都有发展前途，如果军事主官不具备政工素质，发展就受限，当营长再往上提团长就比较难，即便担任了团长也没希望当师长，因为越往上越要求领导干部的政工素质。

◎ 监考干部理论考核

◎ 理论研讨会上

当然，军队的政工干部同样需要具有相应的军事素质。过去最基本的考核项目是单双杠，如果上去完不成，都当不了连长、指导员，非常严格。后来就不那么严格了，走上团以上领导岗位就不需要参与基层一线训练了，但最基本的军事素质得有，要经过相应的军队院校培训。基层不一样，干部每半年或者年终要组织考核，也参加比赛。指导员不及格，拉全连的成绩，和一个战士拉一个连队的成绩不一样，拉低的分数会更多。

连长岳和平、指导员李广尧用背包带捆在腰上，让战士拽着跳木马的事儿并不是在选拔的时候没有侧重军事素质，而是因为随着年龄增长，身体发胖了。经过刻苦训练，取下背包带后，他们的木马都做得很好。李广尧与我同岁，他入伍前就是民兵营长，是营长当兵的，我当团政委时他从指导员提拔到司令部的协理员，很有才华，《炮兵团团教》就是他写的。

◎ 重视复员和转业问题

“对兵负责”是我的一贯想法和对各级干部的要求。战士在部队服役期间，干部要以兄弟情关心爱护他们，领导干部要用父母心时刻想到他们。战士复员离队，也应该为他们到地方铺路，创造就业条件。在大兴安岭军分区任政委的六年中，我们就亲自为每年复员老兵在广州、深圳等地的保安公司联系落实工作。战士们在部队服役期间，站岗、执勤、维持秩序这些最基本的素质、接人待物的礼节礼貌都已具备，纪律观念、责任意识、吃苦精神更不用说，当保安不需要培训就可以上岗。每年老兵复员前，我们与地方主动联系，提前安排，成批输送。有的从部队把复员物品直接带去，先到那儿报到，就算上班了，然后再回家看看家长。我们这种做法很受欢迎，特别是农村兵。除非有个别家庭条件特别好的，回家自谋生路，自主择业。农村的和一般城市工薪阶层、普通工人家庭的，都愿意去。这样通过和保安公司联系，战士复员直接就转岗，保安公司也愿意要，不用培训直接上岗。他们说非常棒，复员战士真好，稍微明确下任务，该怎么办一交代啥都会，自理能力也强。有的保安公司都在中等以上城市，从祖国边疆的最北端漠河大兴安岭到南方广州、深圳、珠海，进大城市，像进天堂一样，战士特别高兴。家长说，孩子从大学校毕业又进大城市了。以前，脱下军装摘下领章军帽那一刻，就跟部队脱离了关系，很失落，有在火车上打架的，因为情绪不好而发泄。每年送复员兵派的干部很多，就是怕出事，特别到中转站中转护送。有的复员了，跑到亲戚家找事干，家都不回，真让家长担心。这样安排工作，他们觉得这几年兵没白当，就业了，等于负责一辈子。我们这样做，每年战士复员之前心里就有了底，觉得首长还管我们复员以后的事，尽义务的兵没白当。

干部转业是人生的转折点，转业不是淘汰，而是在军队这所大学校里的“毕业”。所以，要求每名转业干部都在积极向上的状态下离开部队，而不是因种种原因消极地离开岗位，给部队留下不良影响，给自己留下终生遗憾。如因家庭确实有困难，想转业回家，必须是做出优异成绩、当年立三等功的战士；因年龄发展潜力等原因需要转业的，让其思想顺畅，恋恋不舍地理解组织安排。这样部队的风气就好，没有消极离开的。不管什么原因转业，都积极地把工作做好，始终积极向上，拿到自己的“毕业证”，对自己的军旅生涯保持一生的激情。

◎ 人要不断学习才进步

我从小爱学习，小学至高中一直是学习成绩最好的。“十年文革”我失去了考大学机会，但当兵后自修大学，获取两个本科学历，后来又参加西安政治学院的研究生函授，最后有了研究生导师身份。

◎ 与所带的研究生姜超边防留影

我在部队里感情最深的一个战友杨延昌，1969 年入伍，比我大两岁，现在我们经常联系。战友感情好了，真是比亲兄弟还好。亲兄弟有时候还得讲究一点，兄弟有媳妇有子女，战友之间就没有那个顾忌。老杨在电影组当组长是干部，我在报道组当报道员是战士，入党时他是介绍人之一。他家是吉林省榆树县的，哥五个，大哥是乡主任，他爱人是榆树县大车店的服务员。后来我们又同在师政治部组织科当干事，我到团里当政委，他在师直属工作科当科长。我俩无话不谈。他家冰箱里西瓜不断，我每次去都打开冰箱拿西瓜吃，冬天也如此。老杨爱玩麻将，后来他转业到长春司法局监狱管理所，临走的时候我开玩笑地劝他一句话：“你和那边的劳改犯就一墙之隔，千万别再玩了。”现在我给他打电话，第一句我就问他：“现在还玩不玩？”

◎ 与亲密战友杨延昌

老杨特点是重感情、聪明，聪明得顶我两个。但我说他聪明没用到正地方，他认账。他把没考上大学的儿子送到我身边参加文化补习班准备考军校。结果不好好学，不爱进食堂吃饭，上服务社一次买 50 个鸡蛋，三个人煮鸡蛋吃，吃不了就扔了。我得知后给他家打电话，阻止不让再给寄钱。经 8 个月的文化补习，军校来人组织考试那天，他偷着躲起来未上送参考学员的车。发现缺一个，一查是他没来，我便用我的车又把他接来，结果科科不及格，没考上军校，复员回家了。我跟老杨说，我做这么多年人的工作，唯独你儿子是个失败案例。给他提供那么好的条件，放在师教导队，不站岗、不放哨也不出操，就是复习文化准备考军校，多么好的机会失去了。他儿子复员后上老杨单位开接送上下班的通勤大客车。后来又因开翻车赔了 20 多万元，到现在，砸断腿的一家人还经常找麻烦。老杨的女儿也因学习不好而未能考上大学，很早就结婚生子，也没有稳定的工作。前不久，老杨住院手术急需 25000 元钱，打电话给我，我当天寄给他 30000 元，保证了手术治疗。

老杨曾说过，他最佩服的就是我，事业上弄得挺明白，家也弄得挺好的。我觉得，个人的成长进步关键在学习，家庭的经营也靠抓学习。父母是子女的第一个老师，也是形成世界观、好的性格品质的自始至终的老师。我对儿子从小就灌输靠学习成长的思想，鼓励他能考上大学比当兵有出息。他记住了。在我因工作调动多次搬家致使他多次转学的情况下，他学习一直保持前几名，最后成为北京大学的研究生，工作走上了副总裁的位置。

◎ 和平时期边防执勤

我一入伍就在守卫部队 23 年。守备部队是第一线作战部队，当年按要求首先要顶 3~6 个月，让内地的部队做好战争准备。守备部队撤销后，我就到二十三军六十七师，虽然是野战部队，属于机动性作战，但驻地在牡丹江，仍然是边防，后来二十三军撤销，我又到边防预备役步兵师，边防军分区。所以，从军 38 年没离开“边”，边防与我结下了戍边之缘。

预备役部队的干部战士，大部分是转业的干部和战士到地方后列入预备役的部队人员。我们现役人员，只有师团机关和营长、连长，其他都是名册上的“抽屉兵”。预备役人员，在地方是农民，是工人，打起仗才转化为军人，部队不管怎么改怎么减，预备役部队一直存在着。每年落实一定时间的训练科目，打仗的时候，把他们集中起来，像作战部队一样。这样减轻了国家负担。

边防部队是和平时期在边防值勤的部队。警戒线的巡逻发生两军冲突的可能性小。发生问题多数都因为咱们这边的老百姓或者渔民越界去捕鱼，去采集山货。因为中俄边界是以黑龙江主航道中心线为界，俄方江界处于阳面，加之他们不捕鱼，鱼多在对面。俄方山上的松茸又多，所以时常发生我方老百姓越界捕鱼和采摘松茸的事儿。部队的干部战士越界的没有，就地方的老百姓越界，他们意识不到严重性。怎么讲也不行，这次抓住了放回来下次还去，稍微越一点人家也不当回事，越大劲了，或人上岸就不行了。抓住上岸的，把人关起来。咱们通过会谈会晤把人领回来得交给地方派出所，地方派出所说一说了事。地方保护主义作怪，越界者得不到严肃处理，下次照常越界，我们部队没权力处理。俄方的体制不一样，边防军有处理权力，有禁闭室，有处理程序。抓住越界者都要关进去，并且严刑拷打，相当残酷，有的被打断胳膊、打断腿，而后从军事外交的角度，直接捅到北京。所以有“边防无小事，事事通着天”的说法。

◎ 中俄边境界碑前

边防还需要和俄军的边防执勤搞好关系，每个月一次边防会晤。就在会议室，俄罗斯国旗、中国国旗摆在桌上，双方的人提出一些问题，主要是沟通一下关系。吃饭的时候我不参加，把他们请到哨所食堂。联络一下感情，关系理顺了，小来小去就不计较了，因为越界基本都是咱们的人，人家没有，不捕鱼也不到这边采山货。俄罗斯人特别愿意喝酒，男的愿意喝白酒，临走，一瓶白酒剩一点也拿走，送特产纪念品不要，因俄罗斯女人愿意喝啤酒，给家人要啤酒带回去。

我到一线连队去，对面俄方都知道。什么时间段在什么位置活动，都掌握全程。我们在边境上的观察哨比是三公里一个，那边三公里范围内都要有三个以上，特别密集。咱们观察哨都是砖砌的、玻璃窗，用高倍望远镜，室内都有暖气，生活条件特别好，那边就是露天的铁架子，铁架中间有一层，人通过梯子上去，人家是培养野外作战生存能力。他们也有人性化的一面，为了让哨所的人有稳定性，观察哨不离岗，每个哨所都配一个女兵，男女搭配到观察哨去，挺有意思。夜晚，咱们在边上巡逻。冬天黑龙江的冰冻得三米以上深。咱们来回走，时间长了，不管穿啥都冷。那边比咱们穿得少，在冰面上坐着，一坐就是一两个小时，这与他们吃牛肉、面包、土豆可能有关系，扛冻。

俄罗斯面积是咱国土面积一倍还多，咱们每年防火，他每年是人工点火。咱们为啥扑火扑不灭，有时候靠老天下雨才能灭？因为年年积压树叶子小树枝，起火一时半会儿扑不灭，表面看着扑灭了，死灰复燃，底下又着起来了。那边年年烧，树叶一落就烧了，薄薄一层，树干还没等烤热，树叶子已经烧没了，变成灰又是一种肥料，很科学。

大兴安岭漠河县城有一个516纪念馆，是为纪念1987年5月16日那场震惊国内外的大山火而建的，纪念馆正面醒目的放大日历雕塑上，呈现着1987年5月16日页面，写着“请记住这一天”六个草体字，吸引着无数参观者，尤其常令边防护边官兵回忆起当年扑火战斗的历历场景。

◎ 为战士站岗

现在的小孩包括大学生，应该去部队体验一下当兵站岗是什么感觉。

我当团政委的时候，春节去连队过年，要给战士站一班岗。一个团政委，去站什么岗，出什么洋相啊？但对于我来说，就是内心的一种行为。每逢过年，战士们最渴望看春节联欢晚会，只有在外面站岗的哨兵看不上，我能替一位战士站岗，心里觉得所有的战士都能看上春节晚会了，感到是应该做的正常事，也可以让自己回到当兵之初，不忘自己也是一个兵。团里新闻干事想写新闻稿，被我阻止了，因为我的用意不是为了出名。后来，我退休以后，又回到我的老部队看营房，到我站岗那个岗楼，勾起很多当年的回忆，也仿佛年轻了不少。

◎ 领导的艺术

我从军 38 年，军旅生涯有很多难忘的记忆。但是，真正回忆起来，有滋有味的还是在连队当指导员和在团里当政委这两个阶段，毛泽东讲得太对了，培养军队的领导干部，就是要经历过这两个阶段，这两个阶段味道太浓了。确确实实是全面锻炼人、形成领导干部素质的关键岗位，给我留下的烙印太深了。

连队是军队最基层的组织，积累的是一线带兵素质。我任指导员尽管只有一年，但改变了一个连队的后勤面貌，总结出经常性思想工作的经验，在师召开的基层政治工作经验交流会上做了介绍。团一级是部队的一线指挥部，可形成最基本的组织指挥方方面面的领导能力。我任团政委近八年，与团长一起带出了基层建设标兵团，荣立集体二等功，总结出了一线指挥部带规律性、创造性抓落实的领导方法，并著书在部队发行。

领导者的权威来源于人格魅力、为人品德，检验的最好办法是他与下属尤其是身边人员分开后怎样评价和看待他。体贴下属的领导，永远被下属爱戴。令我感动的是：我在大兴安岭工作临近退休时，老伴患脑出血住沈阳军区总医院后，除单位下属专程到医院探望，曾经工作过的几个单位的老部下得知后也千里迢迢从四面八方赶来看望；我工作调动离开牡丹江十多年，那里的老战友一直坚持每年给我寄响水大米，家搬到哪儿就寄到哪儿；家住兴凯湖附近的战友，一直坚持每年寄湖虾、各类杂粮；当年保障我开车的司机已转业多年，坚持每年寄自制腊肠、腊肉；当年的公务员，直到现在从未间断，有的从安徽老家寄山品、茶叶，有的从河北寄豆粉……由此可得出：人品的好和差分开后相互能见证，人心的真假时间能见证，感情的冷暖风雨能考验。世上最难得的是你离开一个环境后，那里的人还一直记着你；世上最可悲的是你刚离开就有人骂你，你关心的人根本不惦记着你。

◎ 陪同原沈阳军区副司令员佟宝存中将下连队检查执勤

人的一生有四大福气：在家有个好爱人，在单位有个好领导，当主官有个好搭档，自身有个好身体。我算是个基本具备四大福气的人。只是在一个阶段遇到某位领导，算是一点儿不幸了。当然，这不幸不只我一人。

这得说回我的《纵横》一书出版前。当时我的政委张烈英请集团军政委为书作“序”，结果，遭到了拒绝，还令其反感，令我莫名所以。后来在工作实践中，我才知道那是位习惯抓小事、听小报告、耍小心眼的“爱小首长”。他甚至怀疑身边的人多数不是好人，以至机关干部都不愿随他下部队，他在军班子“一班人”中也很孤立，常常借酒消愁，酒后哭鼻子，让人可怜。

可怜之人必有可恨之处。每次上级考核师、军班子时，这位军政委都把三个师政委说得这不行、那不好，而他自己在群众测评中却是倒数第一。一次，年终召开集团军党委扩大会，决定各师、旅、团的军务、保卫科股长也扩大进来。会议报到那天，我们师与会人员下火车到招待所已晚上六点多钟，军政委没让科、股长们吃晚饭就组织开会，他一个人讲“防事故、防案件”问题，直到凌晨四点多。科、股长们只记住了他的一句话：“你们记住，连队文书兼军械员没有一个是好东西，都靠不住。”原来，他当团政委时，有个连队文书行凶杀人，他受了刺激，从此形成了固定不变的思维怪圈。从那次党委扩大会开始，每年年终党委扩大会，师、旅、团的军务、保卫科股长都参加，会前他都要做“防事故、防案件”的长篇讲话，即所谓的“两防培训”。平时工作这位军政委也是以“两防”为中心，为此，干部们都称他是“两防政委”。因为习惯抓小事、抓事务性工作，师旅团领导和机关评价他是“集团军的副指导员”，分析他的思维方式与其电子机械工程专业大学毕业有关。有人疑问：这样的人怎么能走上正军职岗位？答案是：赶上“唯文凭论”年代，这位高学历、低水平的人得到不断提拔，竟然进入共和国的将军行列。

有关他的故事，说不完，讲不尽。

部队秋季执行光缆施工任务。我分管二〇〇团和师直属队工程段。二〇〇团进行至亮马河时，由于河水凉而深，官兵冻得不能在水中停留太久，以至连队轮番奋战一整天，埋设光缆不能通过。第二天，我把家里久存的一箱家乡特产“坛子酒”拉到亮马河给涉水铺设光缆线的官兵，用其提高体温。官兵轮流饮酒下水施工，终于通过了亮马河，官兵们欢欣鼓舞（此事后来还上了广播电视节目）。就在官兵们情绪高涨地进行施工时，集团军政委来工地视察，发现团长、政委未与连队战士一样分任务米数干活，就劈头盖脸一顿批，并让撤掉工地现场的宣传鼓动板报和红旗，说这是虚的一套，没有用。我走上前解释：“团长政委需要掌握全局，指导全团。”这位自己不会当领导，又不要施工中政治工作的政委又批评我“不务实、只务虚”。联想到我撰写《纵横》一书，更加深了他对我的不好印象。我心想，领导者务实与务虚同样重要，不可偏颇。当天晚上，我把军政委在二〇〇团检查的情况与负责师直带队的副参谋长做了通报。第二天，我陪这位军政委到工地，师直属队工地的黑板报和红旗都不见了，看到的是副参谋长与战士一样分段并脱掉上衣赤膊干在现场，军政委格外高兴，从此对副参谋长产生了极好的印象，不久便将其提拔到师职岗位。就在集团军部队撤销的过程中，这位军政委又来到我们六十七师，师长、政委避而不见，还是我坚持陪他到各团检查部队撤销中的工作。又来到二〇〇团时，清晨天刚蒙蒙亮，他便起床把我叫到他住的房间。他手拿记事本和笔，问我：“你们师的几个师职干部都有什么问题，跟我说一说。”没等我说话，他又站起来把房间门特意锁上。这一问话和举动让我很反感，但还是心平气和有礼貌地回答：“前几天我们党委班子的民主生活会刚开完，按惯例，原始记录都报到军里，首长一定也看了。党内的民主生活会主要是开展批评和自我批评，记录里我们班子成员中相互批评的话都在，我没有另外要说的了。”见我不是他喜欢的背后说人、“打小报告”的人，他只好放弃了。

那位军政委因部队撤销时未到退休年龄，平职安排到军区政治部任副主任，而原六十七的师政委却任了军区政治部主任，应了那句老话："三十年河东，三十年河西。"军区组织师以上政工领导集训，出于一种内疚心理的醒悟，那位原军政委要以个人名义请原二十三军的同志吃顿饭，又担心没人参加，下午三点就亲自挨个通知，老张、老陈、老李的称呼让人很难为情。我不但答应去，还劝其他人参加。结果，大多数人还是没去，到场的只有我们三个人，一桌子菜，他自带的茅台酒自己喝了一半有余。他醉了，又哭了，是郁闷？是自责？是后悔？可能什么都有了。

与这位军政委相反，六十七师的老师长刘宝和，让人敬重不忘。刘师长为人大度、气节风范，军政兼通、文武双全，是部队军事干部中少有的。1994 年，集团军带三个师进行首长机关对抗性演习，我们师是我与刘师长搭档演一红方师。进行至"首长定下决心"的前一天下午，得知沈阳军区首长要赶到演习现场视察，我们演习人员压力更大了。我与师长商量，晚饭后组织机关加班准备他第二天"定下决心"的发言稿。令我吃惊的是，他说："不用！这时候指挥员需要的是放松。"说完，还张罗玩扑克牌。当时，我真为他捏把汗。第二天上午，三个师长展开了较量，唯独刘师长没有发言稿，但口述决心准确精练、无可挑剔，军区首长带头鼓掌，整个演习大厅顿时沸腾了。军区首长到我们师演习作业室看望时，还握住刘师长的手说："你是位能指挥打胜仗的指挥员。"有人会记得，有篇在全军乃至全国曾引起轰动效应的获奖报告文学，题目为《瘦虎雄风》，主人公就是刘宝和师长。刘师长与政委苗雨泽搭档带出了先进师，以《一对好主官，两个好搭档》为题的事迹刊发在《解放军报》头版头条。退休后的刘师长，低调律己，外出坚持坐公交、搭出租，甚至乘"招手"，更加令人尊重。不幸的是 1997 年，刘师长患肺癌并很快转移到脑部。当时赶上闻名全国的“九八抗洪”战役在嫩江打响。就在部队出师抗洪前一天，老师长病危的消息从医院传来，师长、政委决定让时任副政委的我留守后方并关照老师长的病情。我每天第一件大事就是去医院看望老师长，躺在病床上的他每次都拉着我的手久久不放，让我至今难忘。老师长生命垂危之际，留下了骨灰不送老家而留在他生活战斗三十多年的部队驻地牡丹江的遗愿。在处理老师长后事时，我一面安排通告外地能赶来的战友，一面亲自去牡丹江市民政局与局长商定在龙凤公墓选定墓地。为老师长送行的那天，在全师部队抗洪外出的情况下，仍有近千人参加，场面空前。2002 年，我因工作变动要离开牡丹江时，把向老师长告别的想法列入了仅有的两天时间内，一些战友得知我向老师长告别的想法，一致赞同并表示与我同往。那天，我们准备了鲜花、美酒，两列横队站立在老师长的墓碑前，默读着描绘老师长为人、才华、风度的形象化碑文，仿佛那具有“瘦虎雄风”气节的师长又重现我的眼前……最后，是久久军礼的告别！

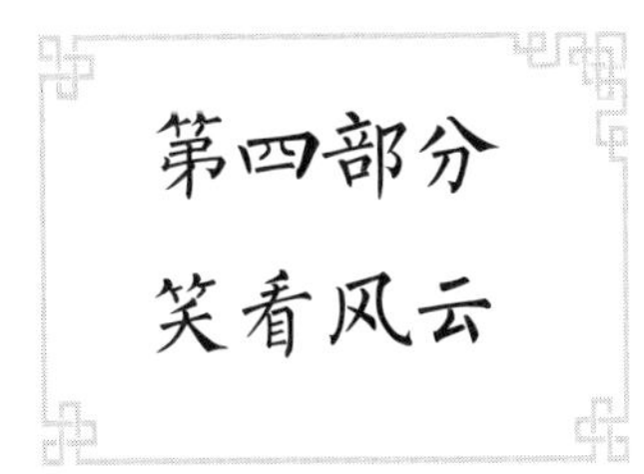

第四部分 笑看风云

随着年龄增长与职级的止步，我于 2007 年 7 月退休，结束 38 年的军旅戍边生涯，落户北京市翠微路军休所。

结束为官仕途的前呼后拥，离开浮躁与喧嚣，栖息于自己的宁静、安舒的精神港湾，享乐天伦、颐养天年。迎着晚霞的来临，享受生命的过程，细细品味平民百姓的清闲，真是无官一身轻。退休是人生最好的待遇，也是享受人生的开始。

领导者退位，落差千丈，常现迷茫；工人们退休，自感享受，家人分享。两者的不同在心态。我坚持以平和、平淡、平凡的心态对待自己，看待他人，面对社会，自然而轻松地融入百姓行列，买菜购物排队，乘坐公交汽车；吃粗茶淡饭，过平常生活；想自己高兴的事，建立自己真正的自由；耐得寂寞，珍惜时光，如伏枥之骥，续写人生后续的篇章。

离开一直与年轻官兵朝夕相处的环境，离开紧张有序且年复一年有规律的军营生活，走入军休所与老干部们一起相守的日子，打台球、玩扑克，搞郊游、去旅游，生活内容虽丰富，但须确立老年期“德”与“才”的养生主旋律，保证老年生活更加有意义，使心理年龄比实际年龄轻，以健康的身心迎接人生的第二个“青春”岁月。

我把打太极拳与坚持写作二者结合作为退休后修德施才、脑体结合养生的最佳载体，并以此为退休后生活规律的主旋律。

人生有两大快乐：为未得到的而去寻求和创造；得到了而去品味和体验。在义与利、仕途与名气之外，还有更值得追求的人生。我将一生的经历，以经验、感悟、哲理书写下来，留给后人，自觉是一种有生命力的成功。

常人一生都有一、二、三、四：一条路：走自己的路；二件宝：身体好、心不老；三种朋友：维护你、包容你、批评你的人；四种苦：看不透、舍不得、输不起、放不下。回顾我的大半生，还有两个一、二、三、四：

一个“文革”十年失去上大学机会，
二次手术使身体两处缺损，
三十而立团师职岗位铸就事业辉煌，
四种部队“守备、野战、预备役、边防”先后历经。

一顶棉帽顶戴十六寒冬保存至今，
二回告别已故战友墓地抒厚谊深情，
三返老团队驻地触景恋当年，
四星大校军衔肩扛十四载不“买官”变本性。

◎ 2007年退休时与火车站送行的军地领导告别

◎ 我的父亲母亲

父母，是孩子的启蒙老师。作为他（她）们的长子，我从小到当兵离开家之前，一直没让父母操过心，学习好，人缘好，常让父母脸上有光，心里自豪。

父亲，性格刚柔相济，是位老土改干部，担任大队长。我小时候常跟着父亲去这儿去那儿，我的第一张照片就是父亲领我去照相馆照的。他坐在木椅子上，我站在他身边，手里拿着梨、脖子上扎着手绢当围脖的照片，至今仍在我的老照片影集里。那时大队干部的交通工具是马，还有长枪，挺神气的。学龄前，父亲常带我骑着马到处走，到每个生产队吃派饭，吃鸡蛋羹、白菜炖豆腐、酸菜炖粉条、炒土豆丝等，算是好招待。每到一地前，父亲都教导我见人要有礼貌，会说话，懂规矩什么的，这样下来，我在农村孩子中算是走的地方最多，见识也算广一点的了。长辈们不论父亲交往的同事，还是村里的大人们公认我仁义、聪明、懂事，都喜欢我，有时我出了洋相也一笑了之。有三件事我记忆犹新：

一件事，就是前面讲过的尿床事件。

第二件事，是我刚上学时，老姑来我们家，我放学回家进屋没跟老姑说见面话，父亲就问我："你不认识老姑吗？"我说："认识。"父亲说："那见老姑得有话呀。"我心想："让我见人有礼貌，会说话只是对外人，家人还用客气呀？"第二天放学回家，我走在路上没想起来老姑在家里，进家门才突然发现老姑在炕上坐着，想到要说话，匆忙中就说了一句："老姑，你没走呀？"说得老姑和家人都笑了。

第三件事，小时候家里除了养猪养鸡能见卖肉卖蛋的钱外，再没什么了。一次，生产队分的木柴中有几根粗一点的当椽子可卖每根 5 角钱，我便产生了每次打柴时偷砍树当椽子卖的想法，但只做了一次就被父亲发现了，他制止并严肃地批评了我。

父亲常对我说的一句话是：做好人是从做好孩子做起的。好孩子就要听大人的话，不骂人、不打架，不拿别人东西，懂礼貌、会说话，这是好孩子的简单标准。我做到了，没骂过人，也没与别的小孩打过架，所以自小到大没挨过父母长辈的打骂。

父亲还有句让我一直记着的话，可算是一句名言吧，叫作："仨大钱儿两手攥着，一是一，二是二。"意思是要尊重事实，说小了是别撒谎，说大了是实事求是。记得有一次，我因为帮姐姐说了谎话，遭到父亲罚我与姐姐一起下跪。就那么一次惩罚，让我印象极深，至今即使是善意的谎言我也轻易不说。

父亲的一个举动，让我终生不忘。就是"文化大革命"期间他被当成走资派批斗时，我替他完成劳动改造干活时伤到脚趾出院在家养病，他担心我睡觉时伤脚被碰，便头朝炕下手搂着我的脚过夜，还内疚地认为我的两个脚趾是因他而失去的，曾当着我面流下很少见的眼泪。

后来母亲随我在牡丹江，父亲在弟弟家不幸脑出血，弟弟给我打电话说了情况后，我就带着母亲连夜往回赶，赶到家，父亲已经病危。医生说是神经死亡。因为插着管子，脉搏还在跳，但神经已经死了，意识没有了，而判断人的死亡是以意识神经死亡为准。我不甘心，找院长，说无论如何也要抢救。我问："现在能不能动？"他说："现在动不了，转院更不行，已经死亡了，但是你要坚持等，可以再等一等。"我坚持熬了三天三夜，没闭眼没睡觉。二弟替我，我回到母亲那儿，刚躺在床上要休息一会儿，二弟就跑过来，说父亲不行了。送我父亲走的时候，都是长子摔盆举幡等传统送葬形式。时间很紧张，一般都是当天出殡，或者三天以后或者五天七天，一个是看天气，一个是医院。我老部队在当地，当时的驻地战友们知道了，都帮我，有的帮我张罗饭店，有的张罗车，有的负责张罗火化场，当天就全都张罗好了。

农村讲究入土为安，父亲最怕火葬，父亲生前愿望，就想土葬，选一口好的棺材。但是那时候乌兰浩特是地级市，不允许土葬，最后我就想，折中一下，不违背老父亲的遗愿，买一个最好的实木质骨灰盒。1996 年，乌兰浩特殡仪馆里最好的木质骨灰盒 2300 多元，比较贵，很少有人去买。我跟烧骨灰的老工人讲，要把父亲的骨灰全部都收里面。他说都收放不下，我说你都收回来，收回来我自己装。我都装起来了。我父亲愿意喝点小酒，一顿也就小盅一两左右，我当时买了两瓶好酒，他平时常用的酒杯和酒壶，都放在骨灰盒跟前。骨灰盒存放在殡仪馆。当我离开乌兰浩特，离开驻地调到黑龙江临走前，委托还在当地的小弟，说凡是节日必须去看看老父亲。一般是清明节和春节祭奠，我要求小弟凡是节日必须去，不管是五一、十一，包括儿童节，因为父亲给我们过儿童节，每年都特别重视，给我们煮鸡蛋吃。后来，条件都具备了，我二弟也搬到辽宁的葫芦岛，离北京比较近，我便在葫芦岛一个山坡果木园子买了块墓地，花了 5000 元。我两个弟弟跟我争，我说这没有可争的，在我心里第一我是长子，第二我条件都比你们好，第三都说忠孝不能两全，我当一辈子兵为国家尽忠，现在一定要做到忠孝两全。你们就满足大哥的心愿，别说 5000 元，就是 50000 元大哥也拿。这样，每年回老家，我都去祭奠。

母亲是个性格开朗、刚强、特有主意和能干的人，父亲在大队工作很少顾上家里的事，八口之家的大事小情都是她一人张罗。吃、喝、穿、用，担水、拾柴、养猪、养鸡……全是母亲来弄。那个年代大人小孩的衣服、鞋子、被褥都是手工制作、拆洗，我小时候还帮过她用旧布打袼褙、用锥子纳鞋底。有时我睡到半夜醒来，见母亲还在油灯下围着被子缝补衣物，心里只觉酸酸的，便暗下决心一定要省着点穿用，不弄坏弄脏，就算帮母亲了。我有双胶皮棉鞋穿了 6 年；有顶皮帽子从小学一直戴到当兵离开家戴了 10 年，走时还给了弟弟。小时候家里吃水需从井院担水，要走很远，尤其冬天，井口冻成高高的冰山，坡陡滑，非常危险，也是母亲一人去担水，直到我 15 岁了她才勉强允许我替她担水。母亲是个养鸡、喂猪的能手，我们家全村人口最多，也是养鸡养猪最多的。卖鸡蛋卖出一家人的零用钱，包括我上学后的学费，作业本、笔及其他用品的费用。只有五月节（端午节）每人才能吃上个煮鸡蛋，再有谁病了能吃上鸡蛋饼，然后是每年六一儿童节给我们煮个鸡蛋。母亲每年都能喂出两头大肥猪，200 多斤，三指多肥膘子，一头卖给供销社，一头过年用，把肥肉都煮成油，用坛子、小缸装起来，作为全家一年的用油。

小时候，每天最不愿意且打怵的事是晚上睡觉和早上起床，怕的是晚睡时被米汤浆过的又凉又沉的被子，钻入后靠身子热床焐好长时间才热乎，早晨又不愿意出热被窝去穿那贴身凉的棉袄棉裤。每天早晨，母亲在火盆前给我们把棉衣烤热乎。她教我做懂事听话的孩子，晚上起来撒尿要贴尿盆边撒，没有声响；出去玩儿按要求时间回家，在外不吃人家东西，不拿人家东西……母亲的形象在我的眼里和心中一直都是高大的。

母亲除了忙乎持家，还时常到生产队里去干零工，挣工分。我小时候全村人一起吃大食堂，时称“满堂红”伙食，母亲就在食堂里做饭。三年自然灾害时，人们都吃不饱，母亲把食堂里每顿分给她的那份都带回家分给我们兄弟姐妹，但粮食越来越少。每年到了剪羊毛、扒玉米的季节，也是母亲挣工分的机会。中午、晚上羊群入圈后，别的人还没剪完一只，母亲两只羊都剪完了，谁也超不过她。秋天扒玉米时，年轻的男女社员也没有母亲快。在母亲的影响下，我从小也养成了勤奋、节俭过日子的良好习惯，12 岁就开始为家里拾柴，捡粪，打木头疙瘩，搂树叶子，捡树枝、玉米秆，周六、日，搂柴一天几十帘子，与同样八口之家的赵家比柴火垛、木疙瘩垛和粪肥堆的大小，寒暑假期到生产队干活挣工分，与其他同龄学生比一年的工分多少，形成了积极上进、不甘落后的人生观。以至后来的学习，一直是“尖子生”；当兵，始终是“五好战士”、先进个人；做领导，使单位争先创优当“标兵”。

每次我考试获得优异成绩，母亲比谁都高兴。我们兄弟姐妹六个，在母亲的眼里，我最懂事、听话，小时候出去玩走前告诉她，按规定时间回来，从不惹事儿。母亲年轻时没读上书，她多次跟我埋怨姥爷没有让她上学，使她变成了大字不识的“睁眼瞎”，实际上是因为家里穷不能上学。她没有受过学堂教育，对文化有一种天然的膜拜。她要求我好好学习，用牛皮纸帮我包书皮，看我做作业。

作为长子，我除了帮家里干活，还哄着弟弟妹妹们，我最小的弟弟比我小 14 岁。我当兵时在连队当兵不满一年，年底的时候，团里调我到机关去当报道员，母亲就带着我小弟到部队看我，那是第一次看我。我小弟也就四五岁。团部所在地索伦镇里头有一个供销社，我领着她俩想买点东西，正琢磨买点啥，小弟看中一个带花瓣的大皮球，好像是两三元钱，我妈说啥也不让买，嫌贵，说：“花那钱干啥！”小弟没吱声，往回走在路上边走边哭。我印象特深，又不想非得马上回去买而违背母亲的意志，于是回去吃完饭，我让母亲午休，为了不影响下午正常上班，我偷着跑到供销社把皮球买了回来。小弟当时已经记事了，后来说：“大哥当时为了我，大晌午头子去买皮球。”我当兵第一年津贴才 6 元钱，3 元钱是一笔大开销，一个月的津贴俩皮球。

做父母的，不管有几个儿女，总是最惦记生活条件最差的那个或遇到困难的儿女，什么东西都要给他们留着，哪怕已经过时，说什么也不肯舍去，这就是当父母的心。我从军 38 年，更换了几次军服，母亲都要给我小弟留着，不允许给别人一件。

我上学后学习最好，次次考试都第一名，又抽空帮她干家务活，所以她格外偏向我，鸡大腿和我爱吃的鸡胗成了我一个人的专利，猪拱嘴、猪心、猪肝、猪蹄也只给我留着，让弟弟妹妹们很羡慕，姐姐也觉得我是男孩老大，所以母亲偏爱。一大家子，我母亲在家里忙碌，为了报答母亲，我总觉得，我要做点什么，帮她分担点什么。我立业后承担起长子长兄的责任，联想小时候优越特殊的待遇，越发觉得自己要加倍来报答母亲。我提干调到师里组织科当组织干事的时候，组织科要负责报政治实力，就是全师党员干部数每个月的变动情况，要报到省军区，因属绝密，允许坐软卧或飞机。我就利用这机会，自费给母亲买了一张机票，带着她坐了一次飞机。二弟当兵在牡丹江，我陪母亲去看他，特意买了张长春至哈尔滨的国际列车票，中间一站不停，让她坐跑得最快条件最好的火车。当时的机票价是我两个月的工资，特快列车是我一个月的工资，为的就是让老母亲享受一回。母亲自豪得很，回家见人就说："地上跑得最快的火车，天上飞的飞机，我大儿子都让我享受到了，死了也不屈了。"

随着岁月的流逝，母亲为八口之家累得腰弯了，背驼了，身材变矮了，眼睛昏花了，头发苍白了，但她那颗博大的心一直不变，有一种不求人、不服输、不给儿女添麻烦的劲儿。1996 年，我给老父亲攒了八大名酒，他舍不得喝就去世了，我把父亲没享受到的加倍弥补在我母亲身上，将八大名酒孝敬给母亲，准备一个一两的酒盅，每天喝两盅。母亲先后随我住牡丹江、大兴安岭、北京，但她年轻时断不了去痛片类的药，药物的副作用使她身患双侧股骨头坏死，加之两个膝盖骨病，后来就不能再喝酒了。

我所在军分区的院里，前边是办公楼，后边就是家属楼，师职干部家属楼正好对着办公楼，我上班走的时候，老母亲在窗户内站着跟我摆手。我回头她也摆手，一直走到拐弯看不见才放下。下班回来，老母亲又早站在窗台内摆手迎接我下班回家，机关干部看见这一“镜头”，传为佳话。每当我回到家里叫一声娘（我管父亲一直叫爸没改过来，母亲让我们都把她叫娘），就觉得自己还很年轻，心里感觉特别舒服，特别踏实。

老年人有时候不愿意到大城市去，喜欢亲属多的环境，像根在那儿一样。我姨我舅舅，我二弟弟和小妹妹都在辽宁葫芦岛，我就把母亲送到小妹妹家，那时候她还能拄着拐棍走动。后来我又把她接到北京我的家，陪她到天安门广场，到毛主席纪念堂看毛泽东遗容去，当时维持秩序的工作人员一看老太太拄着棍，特殊地让我老母亲走一步停一下，多看两眼，使后面的人也都跟着借光。中午在北京烤鸭店吃完饭后又到天安门城楼上，到毛泽东当年国庆观礼挥手的地方，我说这是当年毛主席站过的地方。上面有卖毛主席像、毛主席纪念册的，我给老母亲都买了一套。

母亲因年高不能手术，但上下楼梯说啥也不让我背她，理由是怕压坏我的身子骨，怕“压住”我进步的势头，没办法，我只好在后边帮她一个台阶、一个台阶地往上搬腿脚上楼梯。她不能行走了，大小便坚持自己接，洗脚、穿袜子、用痒痒挠也自己来。修剪手、脚指甲，只有我和她大孙子才行。她排斥轮椅，认为坐轮椅的人都是残废，直到晚年才同意买轮椅，可在我推轮椅带她到外面看看风景时，她的双眼已只见光不见影，电视都不能看了。我与儿子给她下载她爱听且能听懂的相声、小品、评剧节目放给她。站在母亲身边，我心中阵阵酸楚，眼泪流下脸颊。

父亲去世后，我把对父母的孝敬心全部放在母亲身上，她先后随我在牡丹江、加格达奇、北京生活，我退休后亲自为她洗头、洗脚、洗澡、洗衣服、推轮椅晒太阳、端屎端尿，直到 2014 年 11 月我身患大病住院手术，老妹、二弟接走了母亲。2016 年 9 月 30 日清晨，一个一直担心而又不想听到的电话传来，母亲在睡觉状态中永远地离去了。为了争取时间，儿子开车，我们一家人以最快速度于当天直接赶到了辽宁葫芦岛市的殡仪馆。我拖着从未有过的沉重步伐走向母亲的灵前，揭开灵棺盖时，抚摸老娘冰凉的脸颊，控制着眼泪不能掉在老娘的身上，内心生发出从未有过的哀情。当夜，我决定与儿子一起，作为长子、长孙为她守灵。

按习俗第三天出殡，我连续为母亲守灵两天两夜没合眼。守望老人家的遗体、遗像，从我记事起的一幕幕往事浮现于眼前，随手草写于拆开的信封纸上：

妈妈呀，妈妈，

您给我生命，哺育我长大；

教育我懂事儿，学会见人说话。

您喂猪、养鸡，供我读书学文化；

您偏爱我，每逢杀猪、鸡，都把猪心、猪肝、拱嘴和鸡腿、鸡胗给我留着。

白天您忙里忙外；

夜晚，我偶尔夜半醒来，您缝补衣物还在油灯下。

每逢过年您都一人吃素管全家，

为的是我们人人都有平安的春秋冬夏。

每逢六一儿童节您都给我们煮鸡蛋、炒爆米花儿。

十年“文革”，爸爸挨批斗，您一人撑起八口之家；

酷热的夏天您顶着烈日到生产队剪羊毛、扒玉米挣工分，一人顶俩；

从未因人口多费用大而过得比别人家差。

我脚伤住院，您彻夜不眠包饺子，大冬天行几十里将用毛巾包裹的铝饭盒抱于怀内，让我吃上热乎饺子，而不知对您说啥。

您大字不识一个却思想开化，当妈的都愿把儿女留在身边，您却为了我们能有出息，而送向远方离开农村的家。

我高中毕业已成国家干部挣工资，想圆大学梦当兵到部队，

您流着眼泪没说一句不情愿的话。

惦记我您当年身背我小弟千程百里到部队，看我家信中写的真假。

我入党提干后，您千方百计又让二弟参军离开家。

我陪您坐飞机到省城，坐国际列车去看二弟，

您满足得逢人就讲：天上飞的、地下跑得最快的都尝到啦；

我领您逛天安门广场，瞻仰毛主席遗容、登天安门城楼，买毛主席的纪念品，

您激动得几天睡不着觉，多少年不忘，说借了儿子的光了。

为您换牙、陪您住院治疗，您总是挂在嘴边上，好像事情有多么的大。

住牡丹江时，军营大院里的婆婆丁是您爱吃的野菜，一跛一拐地天天去挖；

住大兴安岭时，为祛寒我将为爸爸准备的八大名酒给您喝，每天二两让我心里乐开了花。

我上班离家您趴在窗台目送，下班时您早守候在窗前招手迎我回家；

机关干部将我们母子每天招手迎送的画面当作一幅美画，

您我也将其当成母子间内心一种幸福去享受啦。

您双侧股骨头坏死行走不便不叫一声怕，面对楼梯也不肯让儿女背上背下；

好天气用车拉您出去转转觉得不可不可，发自内心的满足啦。

剪手脚指甲、洗洗头脚之类的小事本为正常，

您却每次都激动得了不得了；

给您洗澡接大小便更觉得是拖累了我们总是自认尴尬；

您的眼睛几经手术只见光不见影，看不了电视给您听小品相声集，

您高兴得一遍接一遍地不舍停下。

眼看着您身子骨一年不如一年，伺候您的时间愈来愈短了；

您却忍受着诸多的痛苦与不便而盼着听到每个儿女的电话；

六个儿女都是您的连心肉，叨念最多的还是年龄小、距离远、条件最差的。

虽然有时也会说些气话，甚至骂上几句，

内心里正如您自己常说的那句：

十个指头不一样齐，却都是连心肉啊！

看到您的清瘦似沙漠中消耗殆尽的骆驼，

为我们付出得、承受得太多太多啦。

您像一条船，载着我们的期待和梦幻；

您像一棵树，为我们遮风挡雨又避寒；

您像一盏灯，给我们光明和温暖。

悲伤时，母爱是慰藉；

沮丧时，母爱是希望；

软弱时，母爱是力量；

逆境时，母爱是臂膀。

在人生的四季中，

春天倚着您幻想，夏天倚着您繁茂，秋天倚着您成熟，冬天倚着您温暖。

有一种记忆可以很久，有一种思念可以很长。

小时候对父母只是一种依赖，

走进成年才会真正深刻理解做父母的那种深刻的爱。

随着生命的脚步，我也鱼尾纹、满头白发时，才体悟到父母对儿女是那么的无私和伟大。

岁月的流逝无言，留下的只能是记忆和回望，当我们对岁月有所感悟时，最为深刻的记忆是母爱的付出、牺牲才给了我们温暖的家；

当我们的肩头担起责任和使命似乎可以傲视人生时，白发苍苍的母亲正以一种充满无限怜爱、无限关怀的目光，在背后深情地注视着我们，各自的家；

我们从未离开过母亲的视线，从未离开过母亲的牵挂。

父母给儿女再多也感还有很多亏欠，

儿女给父母很少也称孝心一片；

父母与儿女间为什么总是不等式?

父母对儿女做的是无微不至的奉献，儿女对父母做的总是微不足道又加以拖延，

想着、等着、以后、下次，直到留下更多的后悔，在老人去世时以哭得最惨烈的方式去显现。

世上有些东西可以弥补，有些东西则无法弥补，

孝顺父母就从眼前做起珍惜每一天，才不会为自己留下一生的遗憾。

做儿女的，不论年龄多大，有爸妈叫，心里就会觉得年轻、幸福。

父母在，人生尚有来处；父母去，人生则只剩归途。

每次回到魂牵梦绕的故乡，回到故乡亲人的身旁，我心灵的窗户便被打开：

当年那静静的小河已不再流淌，

那默默的孝道已不再延长；

在田埂、树林里寻找夏天打鸟的享乐，

在草地、广场寻找冬天玩雪的风光。

正是在那时，

母亲教会我为人善良，父亲教会我做事真诚；

母亲教会我拥有一颗纯洁的心灵，父亲教会我拥有一双承担的肩膀；

母亲教会我成熟，父亲教会我坚忍；

母亲教会我风雨兼程一路前行，父亲教会我顶天立地荣辱不惊。

妈在就有家在，就有追忆幸福的童年。

无论出去玩，还是放学回家，心里的奔劲和进屋的第一句话就是叫一声妈。

看到妈忙碌的身影，听到妈的应答，才觉得真的到了家。

看到妈累或病躺在炕上的身躯，心里边开始七上八下。

长大离家，踏进家门的第一件事依然是找妈；

当推开家门，妈不在家时，四处张望似乎还未到家。

回家找妈，是人们自然形成的习惯，

家和妈变成了同一概念镌刻在有妈人的心里了。

随着年龄的递增，纵是岁月改变了绒毛，沧海变作了桑田，枯守不变的依然是以母亲为家。

有妈在，可以放心地天马行空独闯天下；可以安安心心地规划理想，实践圆梦的步伐。

有妈在，永远有一个宁静的港湾，即便事业有成时，心灵依托的仍然是有妈的家；

即便是相隔千山万水，妈的身影总在生活中，穿越时空回家的理由也是妈的牵挂。

人类最不能动摇的情感是那深深的母爱，人们心底最深的思念是那生你养你的妈。

妈在家在是实情，妈不在家没了也是实话。

妈妈，您在共和国生日的前两天与儿女永别，告示我们您与共和国一样伟大。

清晨，您不声不响、不吃不喝，保持安然的睡姿、安详的面容，没说一句话地走了。

也许是对儿女的放心，您已无任何牵挂。

但，您还是让我们深感突然，因为每周五是我与您约定俗成的通电话，

前一天下午还在与您在老家的妹妹视频聊天，晚上正常吃喝又让儿子为您剪手指甲。

三点半为您换尿布还不多见地站了一下，也许这就是您一辈子修得的福，安然而沉静，悠然而自得！所以让我们也深感自然，因为您一生刚强、要强、不求与人、不劳于人、不赘于人，是柔中有刚的好妈妈。

您的白发如银是智慧的结晶，您的死亡与诞生一样神圣；

您与早逝二十年的爸爸合葬相聚，高山是您二老的坟茔，流水是您二老的笑声！

待明春清明时节，我为二老扫墓竖碑，

愿你们的美德常与乾坤在，英明永同天地存。

人间大爱是无私的母爱，世上大恩是父母养育之恩；

人间大爱一代传一代，世上报答不完的恩情是父母的爱。

六十五岁的我送走八十五岁的老妈，开始成了真正的没娘孩儿，止式步入自己的老年生涯。

我走进老妈住的房间，摸摸床头、按按她常坐的床边，猛然间想到：

妈妈在时，不觉得“儿子”是一种称呼和荣耀；

妈妈没了，才知道这辈子儿子已经做完了；

妈妈在时，“上有老”是一种表面的“负担”；

妈妈没了“己已老”是一种本质的孤单。
再没人喊我“才儿”了，才感到从未有过的空虚和缥缈；
再没人催我回家过年了，才感到我可有可无了。
妈妈在世，家乡是我的老家；
妈妈没了，家乡就只能叫故乡了；
梦见的次数会越来越多，回去的次数会越来越少；
兄弟姐妹电话沟通会越来越多，相聚一起的次数会越来越少！
母爱如天，我的天塌下了；
母爱如地，我的地震陷了！

2016 年 9 月 30—31 日 为母守灵夜

◎ 我的爱情

小时候，就是非常单纯地学习，然后干活，很晚才情窦初开。当时挺滑稽的，小学三四年级，我们班里一共才六个女同学，其余都是男同学，跟那个时候重男轻女有关系。有个女同学长得比较好，学习也不错。女孩子们成熟比男孩早，她和一个比我大两岁的男同学经常在课堂上眉来眼去，我当班长，还阻止他们，跟那个男同学说：“你得注意，这样影响学习。”后来挺遗憾，他们没走到一块，可能那时候太小，不现实。那个女同学后来找了一个喝大酒、赌博的丈夫，特别不如意，那位男同学也是找了一个不行的老婆，离婚了，扔下一个孩子，又找了一个比他大两岁的女人，家庭条件也不好。

我的爱情真正萌发是在高中毕业前，1969 年。1968 年，响应毛主席“知识青年上山下乡大有好处”的最高指示，第一批城市青年下到农村，接受贫下中农再教育。我们村来了八名阜新市的青年，四男四女，其中一位女青年名叫郑美静，性格外向活泼。她所住的青年点和我家一院之隔，经常到我家去，和我母亲相处得很好。我父亲当时正处于“文革”期间挨批斗的处境，她勇敢地站出来为我父亲打抱不平。起初父母和我都算正常与她相处，随着时间推移，每天晚上在我学习或写作文时，她都坐在我身边，也主动向我母亲表白了喜欢我的想法。我母亲很愿意，但我父亲不同意。我父亲不喜欢她外向的性格。而我根本就没往那方面去想。直到有一次她专程去学校看我，回家的路上蹚过一条小河，她让我背她，我才开始有了感觉。不好意思面谈，就时常以写字纸条的方式相互交流。很快到了年底，我借着去市内 7211 工程慰问的机会，到她家见了她母亲和她小妹妹。春节前我参军离开了。她担心我父母在我离开的第一个春节会想我，写信让她母亲和她小妹妹到我家过年，这件事让我十分感动。后来她又给我织毛背心，送我印字跨栏背心等衣物。因为部队不准穿地方衣物，加上我内心还没有完全接受她，我便将衣物送给了好友杨延昌。近两年多时间，我们均以姐弟关系通信，后来得知她母亲担心我复员回农村而坚决反对她和我通信，并截留我的信件，她一生气离家住在外面，我们便中断了通信往来关系。13 年后我回团任政委后，一天突然接到她的来信，介绍她婚后随丈夫在哈尔滨工作，有一儿一女。当时我的孩子已经 8 岁，考虑到两家人避免不必要的疑虑，我没有回信。又过了近 30 年，母亲青光眼手术住院，我在医院病房陪伴，母亲突然提出想和郑美静通话，我让在哈尔滨的战友通过公安局户籍查到她的地址和电话，满足了母亲通话的愿望。母亲八十大寿时，她专程参加庆寿。又过了 5 年，母亲去世，她和她的妹妹分别在儿子的陪同下来为我母亲送行。

小时候，在所有亲戚当中，大姨条件最好，家住在县城。大姨本身长得很高很白，烫着发，穿着旗袍。我第一次看到她带着大女儿，她大女儿我叫姐姐。我这姐姐和我同岁，像小洋娃娃一样，比我生日大。城市小孩农村小孩条件不一样，穿戴都不一样。当时我正好在外边和小孩玩泥巴，我姐姐从大门一进来，我不认识。我姨父是彰武县发电厂的党委书记，叫陈中堂，在我们大家族里是非常有发言权非常有地位的人，我父亲比不了。我姨父据说手上有横纹，特厉害，一般小孩都非常怕他，不敢到跟前。我大姨也特别傲气，不过他俩特别喜欢我。后来，我高中还没毕业，我姨父和我大姨就想让他们大女儿和我处对象，那时候讲究亲上加亲，表亲结婚还挺正常。我母亲说什么也不干，我才十四五岁，还不懂这些。我当时想，姐姐小时候那么洋气，我跟她根本不是一个阶级的。我参军后第一次回家，我表姐结婚了，在县医院当护士，挺优秀的，给人扎头皮针几次比赛都是第一名。她非得在医院给我介绍个对象，在事前没跟我说明的情况下，让我去医院，造成了事实的见面。我记得那个女孩是与她母亲跟我见的面，人家认为我是农村孩子还没提干，以后还得回农村，进不了城，考虑得非常现实。这是我在娶妻之前唯一一次失败相亲。

我从小到大一直是在人们的赞扬、认可的情况下走过来的，被人否定的时候基本没有。此次失败挫伤了我的自尊心，我想我当兵前就是农村公社的干部，挣工资了，为什么当了几天兵还不如以前了？不可能。这件事从另一个角度激励我要发奋，出生在农村不是什么坏事，不管干什么一定要干出点成绩，出人头地。我不想当什么大官，但一定要走好自己的路，要争这口气。

时隔不久，我所在的政治处副主任想把他在沈阳市工作的妹妹介绍给我，我不想与首长的亲属处对象，觉得以后会寄人篱下地生活，门不当户不对的难受，所以谢绝了。我在部队提干调到师政治部组织科任干事后，遇到了比我早入伍八年的老乡刘庆新。他是我父亲当大队长的时候于1963年从老家入伍的，妻子殷长贵是部队驻地的小学教员，家就住在我们师部东大门外边，那时没有电视，有时候我给他家送电影票，开始了老乡关系的交往。他很快开始给我介绍殷长贵的亲妹妹，当时没说是妹妹，说这孩子可好了，是学医的，现在还在进修。我一听学医，说不行，我有一个观念，一个是搞文艺的，一个是学医的我不找，接触的人太多，我没把握，不喜欢。

殷长贵也很执着，一直给我介绍。紧接着介绍的是经常到刘庆新家给他看病送药打针的师副参谋长女儿的同事，姓张，也是个护士。我说不行后，副参谋长爱人（以同为彰武县老乡的名义）约我晚饭后去家，我以打算在老家处对象的名义再一次谢绝了此事。

之后，我所在的组织科科长家属在长春有个妹妹到她家，科长以给他送一份材料的名义，让我去家里达到见面的目的。第二天晚上，科长家属电话又让我去她家里，没说有什么事儿，进屋后科长又有意躲避不在家，引起我的警觉。果真是想让我与其妹妹处对象，我又因不想高攀的心理，以想找从小在农村长大后在城里工作的姑娘，有共同语言和生活习惯，也便于接纳一辈子在农村的父母一起过日子为由谢绝了，也算没驳科长一家人的面子。

我真正的爱情始于 1977 年，还是我的老乡刘庆新、殷长贵夫妇两人介绍的。说她们姐妹四个，数她长得最好眼睛最大，我说那不是主要的，她是不是从小在农村长大？他说你为什么找农村的？我说我就是农村的，有共同语言和生活习惯。现在虽然在城里上班，但必须是农村长大的。他说真是农村长大的，然后就说安排见面吧，约定个时间，是她二姐领着她，我们在介绍人家里见的面。见完面，她当时没什么主意，她二姐当她家，说看着挺好的。那时候她二姐上班挣 32 元钱，我开 52 元钱，比她二姐多近一倍。她二姐对我的印象是待人挺好，挺朴实，很有发展潜力。这个人就是我现在的爱人郑淑华。她兄妹八个，哥四个姐四个。她家里人看我都没什么意见，我们就开始相处了。

后来，她三哥三嫂又不同意了。她跟我瞒着她三哥三嫂不同意的事，后来她跟我说了不同意的原因。原来她三嫂在乌兰浩特八中当代课老师，为了给自己转正式教师资格需要找教育局的人，想把教育局的一个亲属的儿子介绍给她，她知道哥嫂的用意后说啥也不看，不同意。她三哥三嫂就说，你嫁给当兵的，将来都没有地方住，还两地生活。她挺有主意，知道她三哥三嫂的心思，产生了逆反心理，越这样就越发坚定了与我相处的决心。这也从另一个侧面证明，我们俩特别有缘分。那时候谈恋爱特别传统，一起走路都保持一定距离，手都不拉。但心意是相通的，看电影就是最浪漫的事了。我们没少看电影。看战争片，《南征北战》《地道战》《地雷战》，故事片《年轻的岁月》，等等。

我们 1979 年 1 月 2 日结的婚，本来定的是 1 月 1 日元旦那天，阴历是双日子，结果她们单位有一个同事也是那天结婚，单位的股长就说你们俩串开吧，要不我们怎么去参加婚礼呀？她讲风格就让给人家了，我们 1 月 2 日结的婚。每到过年过节去她哥哥姐姐家串门，我对她三哥三嫂照样不另眼看待。我们俩结婚就有房子住，并且很快就随军随队了，住上了团职楼、师职房，她三哥三嫂跟她说了一句话：现在看，咱们八个人就数人家过得最好。

◎ 年轻时的夫妻照

概括我老伴的特点有三句话：通情达理，以善良为基础，大度容忍，一切都为他人着想，自己总是忍辱负重；持家理财，以收放为体现，简朴豁达，“友谊牌”雪花膏伴随一生，该花的钱比谁都大方；贤妻良母，以厚重为内容，深情厚爱，情感不在表面展露，都在细微处在心里。

◎ 我的家属

男人一辈子没当过兵，是一种遗憾，当一辈子兵也是一种遗憾。当兵苦，苦的是妻子、孩子；当兵亏，亏欠的也是妻子、孩子。我最好的青春岁月都在部队军营里，和爱人长期两地生活。结婚多年，跟家属聚少离多，没在一起生活多长时间。所以我说，军人的牺牲是家属和孩子家庭的牺牲，尤其是妻子。我曾经有过一个念头，就想写写军嫂。当上干部特别是领导干部后又有什么牺牲呢？一出门有车，上哪儿开会参加什么活动，有人跟着你保障你，也没啥苦。

回想起来，1979 年 1 月 2 日我们结婚，赶上南边打响中越反击战，北边进入一级战备状态，时刻准备打仗，我与爱人旅行结婚回到老家不到一周时间，部队往我老家发了个紧急电报，我便归队准备打仗了。到部队后，师机关选出几名优秀机关干部下连队任连长、指导员，我是其中之一，带着连队上山了。冰天雪地，住野外的帐篷里，白天，进行应战训练，夜晚还要分析官兵当时的思想状况，紧紧张张正好一个月。从山上回来之后，一看一间半房的走廊内堆满她劈的柴垛。她担惊受怕，思念与恐惧并存，只好靠不停地劈柴度过日子，转移注意力，手都起泡了。

我爱人随部队变动搬了 9 次家，吃了很多辛苦，从小孩出生到孩子大学毕业，与我大多两地生活，这种生活对她精神压力特别大。她又特别要强，像个“泔水缸”，什么都往里装，有困难有委屈不跟我说，也不跟别人说，不求人，什么困难都是自己，确实付出太多了。部队、地方都认为她是贤妻、良母，我是孝子、模范丈夫。她的性格比较内向，从 1979 年元旦到现在，我们俩从来没有吵过架。生活当中也有摩擦，也有意见不同，她看我情绪不高，就不吱声；她有时候因为家务不满意，我也不吱声，但事后都平静下来。有的夫妻因为生气，

◎ 与老伴郑淑华在书房

一天两天都不说话，我们最多十分钟八分钟就马上过去了。有的时候，实在不行我就让步，对家里人服个软不算啥。我大都主动认错，隔几天她会说那不是你的错。夫妻没有隔夜仇，实际上夫妻不应该有 10 分钟的不言语，因为相互都存着一种恩爱。我对她有一种感激。因为我在我们家是长兄，长子长兄的责任多半都是她替我完成的，我要做的事她从来没反对。我两个弟弟、两个妹妹从农村进城市落户口、安排工作，当时虽然不靠送大礼，但买纪念品、请人吃饭都需要花钱。几个弟弟妹妹的结婚成家涉及买铺盖、衣服、家用电器、家具，都是她帮我张罗，她自己省吃俭用，到市场买菜从这头走到那头，哪怕便宜几分钱，她也不买贵的，但为弟弟妹妹的事花钱从来不说二话，一句怨言都没有，我非常感动。一直到 1992 年她为了能存上 1 万元，从单位同事手里借 50 元钱存到银行里，成了“万元户”。我的弟弟妹妹对她格外尊重，真的是长嫂如母。

她是粮食系统的会计师，从白城搬家到乌兰浩特时改成税务局干部，后来又随我从内蒙古乌兰浩特到黑龙江的牡丹江六十七师。其间因跨省调动工作，在家待业一年多。那一年，正好我又上南京学习，又开始两地分居。她在牡丹江带孩子，我就到南京学习一年，就是那年她发生了脑出血，昏迷三天。

回想起来，那时候的情景历历在目：

我到南京学习，就在学业成果丰硕、副业《纵横》一书出版，双喜临门，只差一周时间毕业离校返回之际，那天晚上，师里来了电话，师长政委都说：“老张，你马上回来吧，你家属住院了！”

放下电话，学员队的就寝哨声响了。我深知她这次病情不轻，之前因为高血压、心脏病，我已带她多次到各地医院检查治疗过。学院领导破例批准我提前毕业返回，我连夜收拾东西，委托学友代寄行李，订购了天亮后仅有的火车票，整整一夜没有合眼，心中产生这样一个念头，只要她留住生命，哪怕是植物人，我也要伺候她一辈子。那天是我忘不了的 1996 年 1 月 18 日。

上火车后，对面一位老板恰好有个“大哥大”，我说明情况便借用过来与医院通了电话，得知爱人患的是脑出血，还在急救室，我几乎一两小时通一次电话，直到第二天下午那位老板下车。我从火车下车后直接奔医院，到抢救室后，我当时一问，她已苏醒过来，但不能说话，我握住她的手说你慢慢地能不能用点劲，她哆哆嗦嗦的一点儿劲都没有，划脚心还没有反应，没有肢体知觉，医生也不让她动。我握住她的手，只见泪水从她的脸颊流下来，我与一直守护在她身边的儿子也控制不住眼泪。

从下火车一头扎进医院，一直 28 天，我没离开过一次。她恢复知觉也不能下床，因为喂饭饮水、接大小便，只有我她才放松自如。那时候医院专门腾出个单间，里面放三张床。我的司机和公务员也都在医院陪着。

脑出血的恢复治疗主要是恢复神经系统功能。科主任说有一种药，咱们医院正道进不来，这种药很贵，属于德国进口，一支 70 块钱，很管用，最好能用一周的量，对恢复神经有好处，叫“脑细胞生长肽”注射液。要能买这种药用，对她病后恢复有好处。我说：“太好了。”我就去买，一下买回两周的用量。临到出院，科主任说经历过这么多的脑出血，能恢复到这种程度，一点后遗症没有，嘴也不歪眼也不斜，走路都很正常，真是奇迹。科主任以此作为最成功的一个病例。

母亲因股骨头坏死，我想给她做手术，和我家属领着她到北京积水潭医院找专家。专家看了一下拍片，当着我老母亲面和我说："你老母亲 71 岁了，换不了，要换可以用美国进口、德国进口的，比国产的好，一个 16 万元。但是换了可能不一定有现在的效果好。现在拄棍还能走，但两侧还有一个膝盖要换，这三处都换的话，很可能走不了路了。"这一说，老太太害怕了，也心疼钱，坚决不做。正好那一次，顺便检查我妻子的膝盖骨，发现有个游离体，一挤就往周边跑。其实这个游离体早就发现了，但她怕我分心，一直没跟我说。因为多年连续吃药造成骨质疏松，软骨骨茬被肌肉软组织包围起来了。医生说："老太太不做手术可以，你这必须做。"我们便回牡丹江 209 医院做了手术。

2007 年年初，我临近退休，最后一次到省军区参加上级党委扩大会。头天晚上离家前，爱人感冒身体不适，我担心她一个人在家出情况，便让她在招待所当服务员的外甥女请假陪她。当天晚上临睡觉，她把已怀孕五个月的外甥女撵回了家，想的是人家不方便。就在晚八时许，她上卫生间，呕吐喷在墙上了，挣扎着回卧室路过客厅，突发脑血栓，一过门，就摔到地上昏倒了，苏醒试着起来不成又倒下，反反复复不知多少次，整个头部被椭圆形的大玻璃茶几磕得多处血肿，想起当时那种惨烈的情状，我痛心无比。九个多小时，整整一个漫长的冬夜，直到第二天清早将近六点，她苏醒了还是起不来，只能摸着真皮沙发旁茶几上的电话，给我公务员打了电话。公务员接到电话赶到打开门时，她又昏迷在地上，公务员就给当时的政治部主任打电话，派去人把我家属抬上救护车，到了大兴安岭森林总医院，直接送到急救室抢救。

我早上刚起床正在洗漱，就接到电话说赶紧回来，你家属住院了。我跟省军区党委书记请假，他说："赶紧安排车送你。"我早饭都没吃，从哈尔滨到大兴安岭一路 11 小时，整整一天赶到了医院。她当时还在急救室，仍然没有完全清醒，有好几个部队家属陪着。

我在医院陪到第二天。我担心大兴安岭医院条件比较差，神经恢复不能有后遗症，便回到家里给军区首长打军线电话。我一进屋，第一眼就看到那个茶几，恨不得一脚踹碎它。我想打电话的首长当时是沈阳军区副司令，原军区后勤部的部长。我很少流眼泪，但当电话通了我控制不住了。他一听我哭了，说："你有什么事这么着急？"我边哭边说："我家属患脑出血，现在急救室，想转到军区总医院。"首长听后说："我给你安排直升机接到总院来。"我说："直升机恐怕不行，因为颠簸。"他说："那就从总院给你派专家组过去，让他们尽快赶到。"撂下电话，老首长就安排军区总医院的脑外科主任带着一个护士长从沈阳连夜赶过来，接力式的昼夜急行到了哈尔滨，哈尔滨事先准备好车票，第二天早晨就到了大兴安岭。

专家看后说治疗方法基本对头，但药量不够，这种情况转院你得签个字，因为你家属刚苏醒过来，转院途中有危险。我签了字。当天，我家属挂着吊瓶，始终保持静脉点滴，用担架抬上了火车。机关部队很多人都去送，整个车站都满了，我心里感谢大家的同时觉得老伴有救了。

送到了军区总医院，当时没有单间高干病房，就先住普通病床，里头 3 张床，我说什么病床都无所谓。给我弄了一个比行军床还矮还窄的"床"，在我家属床边，紧靠窗户，这种安排已经不错了，一般都不让陪。我陪了 3 天，直到高干病房倒出来。整整 29 天，我家属可以下地了，走着扶着都能转身，又是个奇迹，没有严重后遗症。正赶上临近春节，我们就没有赶回家，直接到了离沈阳近的葫芦岛我二弟家过年，我老母亲也在那儿。

1996 年她患脑出血，2007 年又突发脑血栓，相隔 11 年两场要命的大病都过来了。我常想这样一个问题，不知是她的福，还是我的福，又还是儿子的福？两次大难不死还没留下严重的后遗症，也许就是上天对一个一生戍边卫国的家庭所做牺牲奉献的奖励吧！现在，我退休到北京都 10 年了，她没有复发，一次院都没住。

在我退休前，她得了子宫肌瘤，4×60，挺大的，发现后就要做手术。她每次住院我都亲自陪。术前的各项准备都做好了，当时在齐齐哈尔部队医院，院长是我老战友。血的化验结果出来了，一看，怀疑有几项略高，非常像丙肝，要是丙肝的话就不能做手术。院长跟我说："政委，这个不好，嫂子可能是丙肝。前一段副院长的家属，也是这样，一检查就是丙肝。"医院只是怀疑，真正要确诊必须到哈尔滨医院取一种药，这种药一瓶能用在 12 例病例上。医院为了我家属专门派一个医生到哈尔滨去取药，等于一个人用了 12 例。回来一核查，确实是丙肝。通过院长的同学北京肝病专科医院 302 医院的朱主任，经过两次住院治疗，第一次用药是美国进口的，第二次又用德国进口的。国产的药是一天两针，进口的药是一周一针，药物反应头晕、恶心、呕吐、吃不下东西。长达两年的用药，让她经受了莫大折磨，但又发生了第三次奇迹般的结果：朱主任讲，儿童得丙肝有治愈的，成年人只有万分之几的治愈率，我家属治愈了，连续几年的复查化验都正常。

我家属脑出血，后来突发脑血栓，医生跟我说这种病怕激动，过分高兴、过分兴奋，过分悲伤都不行，子宫肌瘤怕刺激，到更年期停月经后才会慢慢变小，直到消失，否则容易发生病变。少年夫妻老来伴，不管有几个房间，我们俩从来都在一起，不像有的夫妻怕打呼噜等各种原因分开睡。房间闲着就闲着，因为我有责任防止她发生什么情况。她有高血压，尽管长期用药巩固得很好，但是必须做好预防，要不就是一辈子的遗憾。我从退休开始就没离开过她一天。别人退休从心理上都有一种失落

◎ 60 岁与老伴合影

感，而我退休觉得，以后终于能陪在一块了。我退休这10年基本没外出，战友都很惊讶，说真没想到这样。在外地的战友孩子结婚，或者太热的南方，我去不了，就把礼金打过去，该表达的心意表达了，战友也都能理解；我必须去的能去的，就带着她。

我爱人有个习惯，隔一段时间就把家具挪换个位置，变个样，觉得有新鲜感。冰箱、床、沙发经常变位置，我每次回来都像回了一个新家。她得了脑出血、脑血栓后，医生嘱咐她不要登凳子上高，包括低头弯腰。我坚持不让她违规，低头、上高的活儿都我干，后来，因她太要强，背着我偷摸干。现在，买菜做饭都她干，我负责打扫卫生、登高出力气的活儿。

家风就是自然而然熏陶的。潜移默化，我儿子也特会疼人，想得特别细，我们两个人吃穿用的东西，他都提前准备好了。原来我给孩子起名叫张弛，有张有弛，爱人说不好听，改名山魏的巍。改完名，我弟弟的孩子都按照这个名字改叫张岩、张岚、张崧，她感到这是自己唯一成功的贡献。实际上，搬九次家，我小孩老转学，非常影响学习。我到牡丹江后，儿子在四中，我要把他往一中调，一中是最好的。他跟我说："爸，我是这么想的，我在这儿始终是尖子生，前三名，到那儿去弄不好就是中等生，我自己就容易有压力了。"我听后觉得有道理，就没再转校。我们搬家越搬地方越好，都是从小地方往大地方调，教学质量越来越高，他在原来的环境是尖子生前几名，到新的环境一下子就到中等了，有时候甚至中等偏下。

◎ 1986年妻儿合影，巍儿刚刚上学，三口之家两地生活

◎ 60 岁生日与老伴合影

◎ 2015 年，退休后与老伴乘邮轮“歌诗达”号日韩游

但他也锻炼出了适应性，用不了多久，一两个月就赶上来，到了前几名。他跟他妈一直没分开过，就是为了保证他更好地学习，教育条件好一点。正常副营就够随军，我提干从正连到正营都没随军，都没在一起，就是考虑孩子的学习环境问题一直两地生活。所以做一个军嫂多么不容易！

姑娘们内心好像对军人都很欣赏，觉得军人是正儿八经的小伙子。人品、身体好，身体不好也当不了兵。提干说明起码能力素质还不错，从形象上说着装挺好，工资又很高，她们愿意在部队找军人，但不知道当了军人家属那种苦。当兵苦苦在哪儿呢？战士苦自己，当了干部就苦了妻子和孩子。我家属这一辈子为孩子、为我做出巨大的牺牲。这种军嫂不在少数，但她非常典型。她是无名英雄。都说军功章有她的一半，我说有你一半多，一大半。

我到大兴安岭当政委后，两个边防团虽然辛苦，但伙食标准比内地部队高。交通呢，内地团领导才有小车坐，边防营就有了，因为工作需要总跑现场。团里有十七八个所谓大龄青年，二十七八岁都还没找对象的，我们就积极张罗，当成政治任务下达，通过随军干部家属在城里面介绍，还给假给任务，为的是解决干部和战士的个人问题。

◎ 我的兄弟姐妹

我当兵出来，下了决心，无论如何要把弟弟妹妹从农村拉出来。父母有那个心没那能力，我这当大哥的有责任和义务。我就跟家属说：“咱们俩结婚了，我弟弟妹妹都在农村，无论如何要把他们弄过来。”通过亲属、战友、朋友的关系，我俩先后把我弟弟妹妹一个一个从农村拉了过来。第一个是二弟德田。他在部队当兵，正好赶上紧急战备，当时想提他当司务长，他想，当司务长没啥意思，当时我大舅在老家林场，答应安排他在林场当工人，结果我二弟复员回去了，大舅却没安排，他到我这儿等着农转非户口。那时我家在乌兰浩特，家里就一铺小炕，我在白城守备区，只有星期六晚上才能回去，特别不方便。我找到当时的旗长（相当于县长）。我在师组织科当干事，后来当党委秘书，和地方领导有接触。旗长叫李湘萍，是位很有文采经常写小说散文的人。我们之间相识较早，我就跟他说，我弟弟刚复员还没安排工作，他说那就安排吧，把关系弄到安置办去。一查档案，档案没转过来，因为复员应该是从哪儿入伍回哪儿去。二弟入伍地是彰武县，复员到内蒙古，转的过程转丢了。没办法又现建档案，有时间限制，超过了不行，我经常去跑这件事，经过很多曲折。正好我们同年入伍一个早就复员的战士在安置办当工作人员，通过他回老部队找证明人重新建立了档案。档案建立接收了，接收后分配到建筑公司当工人，出苦大力。我就又找旗长，说我弟弟有点小文才，能写点东西。

◎ 兄弟合影

他说他的秘书进行调整，正好缺秘书，问我：“和你比怎么样？”我说：“赶不上我，但他基础还行。”他说：“你让他写个东西。”我就回家写，让他抄了一遍，送去了。旗长说不错，文笔不错，但字写得一般。答应下来了，让他先到党校学了40天，回来之后就直接体检当了秘书。后来我到团里当政委，与旗长见面、打伙儿经常在一块，他说：“张政委啊，你这弟弟写东西不如你，但是挺勤奋的。”后来二弟提职到了工商局工作。

接下来，小妹妹落户、安排工作、结婚成家；小弟弟落户、安排工作、结婚成家，成家时最后差一台冰箱没买上，实在没钱了，巧在后来摸彩票抓到个冰箱；二妹妹家因为人口多，落户难度大，随之安排工作稍晚一些，但也保证了进城就有房子住，夫妻俩的工作也得到了适时安置；还有姐姐、姐夫及外甥女都先后进了城。一个人当兵，管弟弟妹妹的一生大事，是经管一个家族。

老家里乡亲看到我父亲母亲的儿女都有出息了，他们羡慕、佩服！在我离开老部队驻地到新单位报到临走之前，一些比较要好的战友在欢送我的酒桌上说：“张德才个人的成长进步一直是同龄人的佼佼者，家里的事也都安排得挺明白，不愧是个成功的男人！”我说：“一个男人到任何时候，不能为了个人的仕途，对家庭不负责任，对兄弟姐妹视而不顾。我不做为了个人仕途而啥也不顾的人，包括你们。我不会怕影响自己而不顾战友情，在我自己能力能办到的范围内，你们千万别客气。”这绝不是推诿。就这一点，不论我走到哪里，在战友中都是有口皆碑。我是1971年1月的兵，一直和1968年兵在一个起跑线上，是我们年度兵中的佼佼者。我入伍那时阜新市阜彰两县一共2400多人到部队，相继战士复员，干部转业，走到师职岗位上的就我一个。我靠的就是正派的为人，赢得组织上的信任、群众的口碑。考核干部都要搞民主测评，我每次民主测评都是第一名。

◎ 退休生涯

忍得了长期的寂寞，才会换来短暂时刻的成功与辉煌。奇迹，是绝望或放弃时变成现实的梦想，是希望和理想即将破灭时的灿烂星光。淡定，是身处繁华世界的操守，是面对各种诱惑的坚持，是漫漫人生路上追求、梦想的一往无前。一个文学作家，是在用他优美的文字，描述自己对生活通透的领悟，向读者展现出丰富的生命意象，虽然文字轻得几乎毫无重量，但直指人心，打动万千读者。文学与哲学息息相关，哲学是对人生根本问题的思考，而文学是对人生经历的感悟和描述。所以，文学家如果没有哲学的思想，作品就会流于形式和轻浮，苍白而不能给人启示。

看破了红尘，洞察了人性，自应获得一种常人所不具有的眼光、睿智和达观的胸襟，怎么反会产生极度的悲观与绝望？“不为无益之事，何以遣有涯之生？”我越来越了悟人生的时光有限，所以不忍荒废哪怕一寸的光阴，努力让自己的每一天都有所收获，有所积累，有所作为，有所奉献。

我坚定地走在自己的路上，尘世的那些喧嚣，那些浮华、那些痛苦或忧郁，那些成功或失败，都让其渐渐远去，我自坚守自己悠然独行。至于阻挡，或者诋毁，或者讥讽，均不以为意。那些投其所好、出卖人格换取名位，以所谓机制灵活成为人中之龙，用金钱买得的“将军”，我都不屑一顾，内心鄙视。我虽然成不了名作家，但我要用众人投机钻营、潇洒人生的时间，不放过每一个瞬间里闪过的灵感、哲思，以自己驾轻就熟的文字，记录下能触发我生命的每一个故事，记录下丰富我经历的每一个阶段，创造自己的不朽，所以才有了我用一些人跑官买官的时间和金钱写出的十本书。

我自幼热爱写作，也见长于写作。学生时代的作文，被老师当作范文，传示一届届学生；高中毕业凭写作特长被公社宣传组特招为国家干部；参军到部队，又因写作能力先后被团、师、军政治机关调任为报道员、新闻干事、党委秘书、秘书处长。写作兴趣伴我一生，我的一生也受益于写作。特长成就人生的成长，写作提升人的思想能力。走上领导岗位后，写作水平又转化为思想水平、领导能力。我结合工作实践撰写出研讨文章百余篇，大都被上级报刊转发，人称“笔杆子”。任团政委时我汇总了团党委建设、机关工作、营级作用、连队建设等方方面面的经验，编著 82 万字《索伦河谷的风采》一书，成为部队官兵的热门读物；我探索团一级领导工作规律，著有 22 万字《一线指挥部与基层建设纵横》，被评为全军优秀书目，被干部战士称为部队基层建设的教科书。

平时我有个习惯，衣兜里始终装有笔和纸片，随时记下听到、看到的有所启示的感悟，有时在电影院、俱乐部里看电影发现受启发的言语，也默记下来。这一习惯已坚持近 40 年。1969 年 4 月 1 日，即中国共产党第九次全国代表大会召开那天，我开始利用业余时间记日记，把每天有感悟的内容都记下来。后来整理日记，编撰出约 150 万字的隽语箴言集《沉淀》上、下册，由山东文艺出版社出版，此书通过对人生“四季”的春（少年）、夏（青年）、秋（中年）、冬（老年）四个阶级中的 123 个人生课题的感悟，揭示人不同阶段的“七情”“六欲”“五味”，荟萃出耐人寻味、给人启迪、发人深省的人生哲理，具有人生教科书功效，获得全国优秀图书奖。自此，我被作家协会吸纳为会员，圆了我的作家“梦”。

我结合旅游积累的资料，用四年时间将祖国 34 个省、区、市分东、南、西、北四部，著有 198 万字揭示华夏景观文化的《阅旅》，获得网上读者“五颗星”的评赞。接着，又透视人的生活状态，揭示人的生存规律，探索人平淡生活中的深刻、凡俗经历中的哲理，著出近40万字具有“两字哲”特点的《人生二十一谈》，由安徽文艺出版社出版。2014年，在我突发一场大病时，提前完成约13万字自传《圆梦一生》的书稿。出版后，接着又出版本书。除此之外，退休近10年，我每年还为《军休之友》《同心刊》等军休刊物书写征文稿件，共计250余万字。

退休后，我把大脑活动当作运动之本，以精神健康为身体健康之源，坚持写作动脑与打太极拳动体相结合的养生之道，生活规律，精力充沛，身心健康。生命在于运动，长寿在于动脑，已被诸多著名作家、科学家所证明。由于把动脑写作与运动锻炼看得一样重要，当成一样都不能少的养生之道，使我的生活变得更丰富、更充实、更明智、更有意义，内心一直保持着年轻的心态，心理年龄与实际年龄差始终在20岁以上。

2014年，对于我是个喜多祸也重的一年。“喜多”：一喜盘龙谷山体别墅装修入住，了却了与老伴住别墅的心愿；二喜计划中的“两字哲”既《人生感悟二十一谈》完稿出版；“祸重”：一直公认身体无病的我，体检时突然发现心脏有频繁早搏现象。我血压一直正常又无心脏病史，怎么回事？医生说“频繁早搏可是危及生命的”。B超结论“甲状腺肿瘤需做切除术”，多么令人震惊！接踵而来的打击没有打垮我。我劝慰家人，决定以良好的身体素质加快乐的精神面貌面对疾病，坚信医药治不了的疾病精神力量可治。人的各类疾病均由细胞功能紊乱造成，可归于一个结论：一种疾病：“细胞障碍”；两个原因：“营养缺乏、毒素侵害”；六条渠道：“饮食、毒素、心理、物理、遗传、医疗”。有了明智的认识，我凭借良好的精神状态与健康的生活习惯结合，心脏早搏很快消失，甲状腺肿瘤术后身体也恢复了正常。

掸掉38年从军旅途的征尘，挥去大半生种种不如意，经历人生曲折坎坷，给我以人生的感悟：衡量生命的价值不是数量，而是质量。一个人的生命不仅有长度，而且有宽度，拓宽了生命，也就增加了生命的分量。在有限的人生时段里，超越平凡的生活，创造人生的最大值才最有意义。

有过危及生命的大病洗礼，我的头脑变得越发清醒了，心里空间变得更大了，情绪控制变得更理智了，以一种欣赏生活、乐观从容的心态，只求于平凡的人世中找到属于自己那一份回归自然的美好与追求，精神舒展，易与人相处，易与生活相容，不再有种种看不惯、不顺眼甚至自己与自己过不去、自己为自己找包袱。过分在意带来的是被折磨，过多计较带来的是被困扰，顺其自然地面对会发现，任何事情豁达洒脱了，是非曲直也就无所谓了。人生很短，应该活得开心快乐才是。我要自己做到：形由内主，体由脑管，魂由心控；不迷离、不困惑、不朝萦暮昏，不了人生追求，不沉溺于灯红酒绿，不流连于声色犬马，不倾倒于纸醉金迷，不羁绊于庸俗情趣；以憨爽直纯的性格，淡泊宁静的心态，简约朴实的生活，去贴近自我，感受家庭与人生的温馨；去贴近凡人，感受随和与亲切的本真。

◎ 60岁生日照

人生文武难双全，我破难了。文：参军从事报道员写稿子，当秘书“爬格子”，直到成为作家协会会员，武：18岁从军，历经守备、野战、边防部队的连、营、团、师四级主官任职和团、师、军三级机关工作，级级年轻且先进，构成荣耀的38年军旅生涯。

自古名利难双收，我收获了。名：自幼以仁义、懂事、聪明而着人喜欢，在亲戚、邻里、乡亲中闻名；学生时品学兼优，从小学至高中一直是学生领袖，在学生、老师和社会中出名；17 岁高中毕业当乡干部，参军后 32 岁成为正团级军官。青年期事业辉煌，中年成为作家，有 10 本书 500 万字出版，在一定范围中也算扬名。利：凭借高薪与稿酬积攒家业，生活也算无忧。

从军忠孝难两全，我做到了。忠：18 岁参军，内蒙古、吉林、黑龙江三省边境，守备、野战、边防三种部队，9 次搬迁没离开边防环境，38 年戍边卫国奉献尽忠。孝：从小开始每年都随父亲为爷爷奶奶上坟，祭奠祖先；当兵离家前为解决孤身伯父独自生活的挂念，与父母商量将伯父接到家中；三舅患有“抽风病”，一年冬天他去四姨家返回途中犯病，身边无人，冻死在野外并就地埋葬，我得知后主动张罗将三舅迁回老家入葬，得到姥姥家人的称赞。结婚后把父母接到部队驻地，在身边照顾，父亲去世购高档实木骨灰盒并买墓地送终，每年春节或清明节坚持祭奠；母亲随从牡丹江到大兴安岭，退休又随至进京，推轮椅、接大小便、洗澡、洗换衣服……60 多岁的我伺候 80 多岁的老母，总觉得心理是年轻的、幸福的。母亲眼睛看不清电视，为她下载小品、相声收听，每天陪她唠过去的家长里短，她盼望听到儿女们的电话，我约定姐姐和其他四个弟弟妹妹定期通电话，并联系舅、姨们也常电话沟通，保证母亲晚年生活更加丰富和愉快。尽孝心，不完全在于长辈是否在身边时间长短和物质上的给予，更重要的是身体上的照顾，精神上的给予，还包括对弟弟妹妹们的尽心，让老人静心不操心。对在农村的姐姐、弟弟、妹妹五人，先后进城到我所在的部队驻地，落户、工作、结婚成家，尽到了做长兄的责任，让老人更加顺心如意地安享晚年。85 岁的母亲去世，我与儿子连夜守灵……

退休后，我最为欣喜的是看到部队的大改革。习总书记召集全军政治工作会议，专门把会场设在古田让我看到了毛泽东时代；部队调整改革大举措，四总部被砍掉，以 19 个室、部，设为军委的办事机关。七大军区撤销缩小成五个战区，尤其是严惩腐败的铁拳，令人兴奋。减少非作战人员，也消除了腐败温床与隐患，让我这个退了休的老兵看到了军队的希望，也让我这个深受军队腐败其害的久备不用而早退的老干部看到了军队未来干部的成长前途！

◎ 战友情谊

我们守备三师的战友群经常沟通，想起部队工作真觉得没干够。部队是很浓缩的一个社会，可能在社会上好多年遇到一件事，在部队很短的时间全都经历。现在多年不打仗了，也不是一个战壕出生入死的过命的感情，但是为什么战友之间的感情时间越长沉淀越深？因为是 24 小时在一块生活，吃喝睡都在一块，实际上等于大家庭。尤其那时候条件比较差比较艰苦，超出了同学感情，同学多少年相聚一起没有那种感觉。同学没有太大的事一起经历，尤其是各自建立家庭基本就失去联系了，若干年后有机会联系也是当时的回忆。

我在团里当政委，六连的连长和指导员工作上相互配合，但性格不太合不团结，连长是四川人，指导员是吉林白城人，矛盾挺深的，我找他俩分别做思想工作，解决了。指导员到年终转业回白城了，连长比较年轻，还继续在连队。连长每年回家探家必经白城坐火车，指导员每次都在白城给他中转，接他送他上车。指导员叫周立志，连长叫熊劲松。我说："立志，你为什么每次都送劲松呢？"他说："老政委啊，当年我和连长闹矛盾，你做我们工作，虽然面上解决问题，但是内心总有一个疙瘩。但我们俩分开后，总觉得那段时间我太对不起他了。我比他早入伍两年比他大几岁，我对连长尊重不够，还是摆老兵的架子。我怎么也弥补不过来。每年探家他都给我信儿，我都负责中转。”社会人做不到，让两个人凑一块可能性非常小，心里的疙瘩只能随着时间的加长逐渐淡忘。

有的就是两个团级单位从来都不认识，但是回到地方若干年之后，一说是当年一个师或者一个军的，可亲了。就像见到家乡人似的。军队人的感情真的跟普通人就是不一样。我说这是什么原因？当时我们政工干部政委们在一块学习，研究问题，我就讲，为什么战友之间的感情这么纯朴，沉淀这么深呢？不像同学，年头越久越淡化，战友之间，年头越久越浓厚，为什么呢？这就是中国军队，这就是毛泽东把党的工作做到军队建设的实处了。毛泽东当年把支部建在连上，就是古田会议形成的党指挥枪，就是党领导军队、政治建军的文明之处。

我跟部队官兵非常有感情，每走一届兵都控制不住眼泪，没当过兵的人理解不了。有时候睡觉突然醒了，有的时候做梦，说梦话还组织开党委会呢，滔滔不绝地讲话，讲来讲去把我自己讲醒了，只记住后几句，前面记不住了。我这一生的青春都献给了部队，因为部队老在调整，我单位待得比较多，5个军级单位，战友群很多，我的微信战友群就4个，有时候要是半天不看，一个群有100多条。有好多人给我发老照片，当年我跟他们一块照的照片，立功戴着红花，多数我自个儿

◎ 为自己的司机举行婚礼，当证婚人

◎ 便装照

都没有。我放大一看，回忆当年特别有意思。谁家的孩子结婚，都借这个名义参加婚礼并聚会。人家定在3月5日，会提前一周去，战友团聚。到这里到那里，周边几个地方的战友都聚完了，直到参加婚礼那天，本来婚礼结束的人该散了，可战友散不了，还得在一块待几天。他们都知道我喝酒不行，我是过敏体质，肝里面有一种吸收分解乙醇的酶几乎等于没有。他们也不强迫我，一到酒桌上我就倒矿泉水，每次水都不少喝。

◎ 学习太极拳

我从小就爱学习，一直到我退休步入老年人行列，仍然没有放弃学习。老年人当然有老年人的学习内容，太极就是。太极是人体一种科学的运动方式，是一种健身养生的最佳载体，锻炼人的毅力性格和德行。看似软绵绵的，其实是全身放松，眼神、血脉、精神高度集中，虽然慢，却是精气神的修炼。

2007年7月，退休没几天，我早晨出去散步活动，看到一群老头老太太在练太极，有的老头年龄也不是很大，我看着挺好。原来我那个老主任就打太极，我那时觉得太极拳是老年人的活动，现在发现不是这回事，练太极年龄越小越好，那个动作有好多都是婴儿一样的。人的动作只有婴儿时的动作最放松自然，而太极拳最难的就是全身放松。体育运动中各种体操，都是婴儿的动作。我有个老师，是吴氏太极拳的传人，他的大徒弟是北京旧宫一个退休体育老师，叫张德勇，和我差一个字，他看我和那些老头老太太打太极，觉得挺好，就主动找我。他一般都不带徒弟，可傲了，我自然求之不得。我进入作家协会是主席主动找我，学太极也是人家主动找我，太有福气了。张老师就教我吴氏太极拳，所以我一开始学就很正宗，到今年学了 10 年。我也确实下了不少功夫，早上一般 1 小时到 1 小时 20 分钟。

太极作为我老年退休的学习内容，健身养生，受益多多。在我的前两本书中均写到太极拳的内容，于此不再重复。

◎ 去了大学

在做人的思想政治工作中，我遇到方方面面的事太多了，非常棘手非常老大难的问题也不少。做过的事我也注意研究总结，写的一些做人的工作的研讨性文章也曾多次发表，西安政治学院在沈阳军区选一个校外的思想政治工作研究生导师，沈阳军区就推荐了我。我被特聘为研究生导师。

我有时候跟儿子开玩笑，激励他，我说你现在是本科，我都研究生导师了，他说那我就读个研究生吧，我说只要你读，不管花多少钱，我都支持你。后来他考取了北大研究生，同学多数都比他年龄大。他因毕业成绩比较优异，北大校长还跟他一块合影。后来在工作岗位上他又到了清华大学进修。我从小就想上大学，可是没进过北大、清华，老觉得是种遗憾。虽然儿子替我实现了这个理想，但还总想亲身到清华、北大看看。儿子领着我分别去了这两所中国最高的学府。虽然只是转了转、看了看，也觉得很骄傲和自豪。

◎ 休闲时与家属子女同欢唱

◎ 与老伴在中俄界江黑龙江边

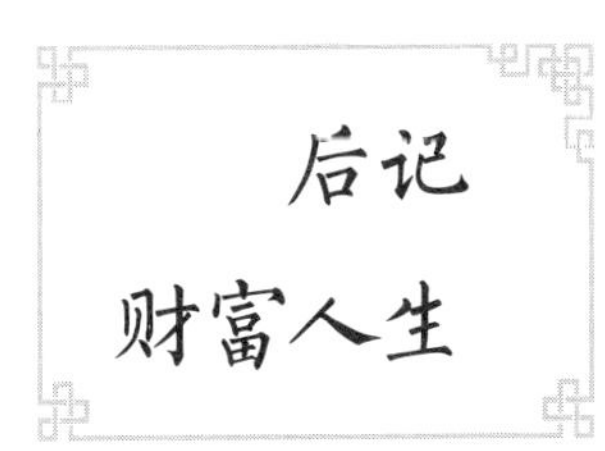

后记 财富人生

经历，是财富，是人生。

三年自然灾害（1960 年—1962 年），让出生于新社会的我童年经历了老一辈旧社会里吃不饱、穿不暖的生活，给予我的却是一生艰苦朴素、勤俭自立的性格。

十年“文革”（1966 年—1976 年），让我学年失去考大学的机会，阻断大学梦想时段，给予我的却是发愤自学，中学时就学到了大学的课程，直到获取本科学历、研究生导师资格。

计划生育，让我在娶妻生子的年龄段赶上晚婚晚育、独生子女政策，给予我的却是认娶贤妻、优生优育，有了个因贤妻良母、优秀儿子而令人羡慕的幸福家庭。

腐败盛行（1992 年—2007 年退休），让我的事业辉煌阶段停滞，在副师、正师岗位 15 年，肩扛大校军衔 14 载，创全军纪录，仍坚持不跑不找不送，给予我的却是不破人格底线、退休无患无憾，人心静明，一生太平。

生命，在沉寂中经历人生；灵魂，在独处中得到升华。或许过往是回不去的曾经。回忆，是一种幸福；经历，是一种财富。人生就是一场丰富的经历，需要的是将流去的光阴用文字变成永恒，将过往的风景定格启示后人。

人，都是从幼稚经过生活历练，走向成熟。经历人生的风风雨雨，再从成熟走向简单，归于平淡或安静，成为智慧和对生命的顿悟。

人生如行路，一路艰辛，一路风景，抛掉名利、欲望和生命中所有牵挂精力及时间的不重要之事，才会有足够的能量去做自己。

人生都有不同的经历。我将人生经历分四类：杰出的人生经历（指领袖人物、著名的科学家和文学家），此类人物稀有；优秀的人生经历（指方方面面够得上成功的人士），此类不多；平凡的人生经历（指能承担起一般责任义务的人们），此类人为绝大多数；无责任能力的经历（指智商低下、无所事事、啃老族或残疾人），此类人为个别。我自认为算得上第二类，具有优秀的人生经历。

借此书出版之际，感谢学年给予我知识的老师；感谢参军后给予我偶像激励的刘兆林老组长；感谢言传身教给予我成长的关景章、刘同珍、梁锡东老首长；感谢倾心相助的林金先、张兴平、姜林老战友；感谢在我退休后仍热心给予我生活温暖的符廷贵、高卫国、谢海波、杨康岭、闫兴泉等老首长、老部下。

愿将此书献给常年戍边卫国的边防军人，献给曾经与我并肩战斗在辽阔的科尔沁草原、流水潺潺的牡丹江边、高高的兴安岭上的战友！

2017 年夏于北京

与“边”结缘

十八参军入兴安[1]
索伦河谷炮兵连
石垒营房简御寒
通铺火龙难取暖
四壁白霜银光闪
头顶皮帽夜入眠
半个小时天天练
深挖山洞搞备战
离开连队调至团
从事新闻通讯员
大部时间一线转
掌笔握枪操两杆[2]
又经师军两机关
结婚生子在其间
三十二岁晋正团
政委职责担在肩
春夏秋冬二十三
事业辉煌在草原[3]

① 兴安：兴安岭。
② 两杆：笔杆、枪杆。
③ 草原：科尔沁草原。

百万裁军守备减
交流野战丹江[1]边
爬冰卧雪练与演
林海雪原谱新篇
铁马出征倾肝胆
北疆雄狮指挥员
时年四十大校衔
始遇腐败歪风见
不凭政绩凭金钱
不跑不送就白干
好心之人来相劝
也去上边转一转
否则止步停不前
瞎了人才太遗憾
坚持品德守底线
名副其实志不变
耐住寂寞著沉淀
甘愿十年磨一剑

整编又到大兴安
千里疆界中俄边
黑龙江中国界限
异国军民隔江见
边防事事通着天
肩负责任重如山

① 野战：野战部队。

哨兵巡逻寂寞伴
思想工作艰又难
边境事端难避免
会谈会晤不间断
日出日落边防线
扑火抗洪家常饭
月圆月缺万家安
妻儿情长放一边
慢慢长路讲奉献
乐守国门无遗憾
金戈铁马半生缘
三十八年未离边

始足守备①大草原
索伦红城白城间
中转野战威虎山
牡丹江畔整八年
终点边防龙江源
神州北极担重担
三级机关②秘组宣
级级优秀称笔杆
四级主官③书记担
带成先进出经验

① 守备：守备部队。
② 三级机关：团、师、军政治机关。
③ 四级主官：连、营、团、师政治主官。

历经精简与整编
五大转隶[1]九搬迁
大校肩扛十五年
中年告退享清闲

圆梦

取名德才求兼备，
名副其实为己梦
德当人品之脊梁
才作立身的支撑
文武双全两杆握
忠孝两全人称颂
感悟哲理是爱好
优秀成功座右铭

童年聪明仁义赞
博得长辈好孩称
自然灾害[2]伴成长
磨难励志自强功
少年臂挂三道杠[3]

① 五大转隶：转隶过五个军级单位。
② 自然灾害：1960—1962 年三年自然灾害。
③ 三道杠：少先队大队长臂章。

品学兼优好学生
十年“文革”校停课
大学美梦待后程

青年从军早得志[1]
团师政委履职行
带出标兵[2]与模范[3]
自修双本研导[4]终
中年事业正辉煌
腐风兴起仕途停
坚守底线转写作
“沉淀[5]”圆就作家梦

老年退后入京城
享乐幸福后半生
太极写作融一体
脑体结合养生经
“阅旅”毕夏景文化
东南西北四卷宗
感悟人生“廿一谈”
隽语箴言哲理中
德才兼备一生梦

① 早得志：32 岁任团政委。
② 标兵：任团政委时所在团被树为标兵团荣立集体二等功。
③ 模范：任师政委时抓典型培养出“艰苦奋斗模范连”荣誉称号，立集体一等功的连队。
④ 研导：被西安政治学院聘任为研究生导师。
⑤ 沉淀：感悟人生哲理一书（上、下册）书名。

名副其实“圆梦”成
“岁月无声”撰自传
五百万字十册终
大病[1]临身心态治
精神疗法医顽症
老伴同行国外游
黄昏晚霞胜彩虹

2017年8月28日
于海淀区翠微路军休所

① 大病：甲状腺肿瘤。